上司下属，
两人三脚
向前冲

普华永道资深咨询师教授的
另类职场和谐法则！

鸟谷阳一
[日]　石桥誉　◎著
友森笃

陈颖◎译

ZHEJIANG UNIVERSITY PRESS
浙江大学出版社

目录 モヤモヤ職場

上班族的幸福要靠
上司下属一起打造

致被"絮烦上司"弄得斗志全无的你

你是否期望过:"如果我的上司既懂得如何鼓舞员工士气,又通情达理,该有多好啊!"

也有不少人觉得,假如能够摆脱职场中烦琐复杂的上下级关系,在一个自由的环境里工作,自己的成就肯定比现在要大,因而将艳羡的目光投向了那些自由职业者。

可惜,现实可不是那么容易就能逃避得了的。就算你每天都觉得上司"絮烦"透顶,还是不得不待在公司这个组织里,和上司"苦战"一番。

"絮烦"是日语中"uzai"这个词的意译。"uzai"意为"啰唆杂沓得闹心,繁杂费事儿"。

本书中的"絮烦上司"不仅指爱唠叨的上司,还包括对下属严厉却对上级唯唯诺诺的上司、彻底放弃管理职责的上司等。诸如此类令下属生厌的上司,本书中统称为"絮烦上司"。

本书将通过让你了解"絮烦上司"说话做事的真实意图,帮助你解决困扰多时的难题。

致被"没劲下属"弄得想喝静心口服液的你

你是否这样期望过:"如果我的下属能在工作中更多地发挥团队合作精神,又更有自律意识,该多好啊!"

但是你不得不承认,领悟力高到举一反三的下属简直就是稀有动物。所以,就算你每天都为这些家伙实在是"没劲"而愤愤不平,也不得不一边装腔作势地哄着这些下属,一边还得顶住上级的压力做出成绩来。

"没劲"是日语中"siketa"这个词的意译。"siketa"意为"扫兴,令人尴尬",同时还包含了"不起眼"的意思。这本书中的"没劲下属"指无论教什么都没有一点儿反应的下属,对任何事情都提不起劲头、让人弄不清楚究竟想不想干的下属等。此类下属统称为"没劲下属"。

你真正的幸福取决于上司，取决于下属

的确，上司是一种让人很"絮烦"的"玩意儿"。

目前市面上面向下属的职场书基本上都是上司攻略书——教下属如何对付上司。书里强调，下属们"必须专注于自己的职业发展，把那些不体谅下属的上司和公司当作一块跳板"。这种书的泛滥也从侧面证实了"絮烦上司"之多。

而另一方面，你身边肯定也有不少"没劲"的下属吧？

目前市面上面向上司的职场书籍基本上都是人心掌控书——教上司如何掌控人心。书里强调，"对上司而言下属和大脑一样，都是'物在人用'，只要用人得当，哪怕最不顶用的下属也能派上用场，关键在于如何驾驭"。这也从侧面证实了"没劲下属"之多。

如此看来，市面上大多数的职场书都在提倡和上司（或下属）保持距离，依靠个人力量攻克难关。但本书的立场恰恰与此相反。我们认为，上司和下属只有通过更多的交流拉近彼此的心灵距离，才能牢牢把握住各自真正的幸福。

理由很简单。

对上司而言，动机论强调的"想方设法激发下属的工作热情"固然很重要，但是在下属斗志全无的情况下，上司一厢情愿的努力不仅效果有限，最后还难逃身心俱疲的结局。

而对下属而言,"想方设法提高自身技能"的潜能开发理论固然重要,但是无论你多么努力地锻炼自己的能力,不良的上下级关系还是会让你丧失上司的支援,以至于只能在有限的时间和空间里展现自己的才华。对下属来说,这绝不是什么理想状态。

所以,与其操控对方,让对方按照自己的意愿行动,不如尝试着去理解对方,拉近彼此的距离。后者的过程看似迂回复杂,却不失为解决问题的良方。

我们必须铭记在心的是,"上司和下属"本来就是有着相同的目标,携手从事某一项工作的命运共同体。上司和下属共度的时光甚至比与家人在一起的时间还要长,照理来说能从彼此身上学习借鉴到不少东西。对彼此而言,对方应该都是不可替代的存在,共享欢乐和悲伤。

在推崇"平衡工作和生活"之前要做的

近年来,越来越多的人觉得:"人生并非只有工作。因为工作而身心俱疲,甚至占用自己大量的业余时间,以至于无法好好发展自己的兴趣爱好,没时间陪伴家人,人生就太郁闷了。"这种观念现在已经十分普遍。

本书并不反对这种观念,我们只是有些担心,现在社会上越来越多的人喜欢片面地解释事物,使结论有利于自己的情况。要明白，无论家庭多么美满，只要上司仍然那么"絮烦"，真正的幸福就不会降临；无论业余生活如何充实，只要部下依旧"没劲"，就没有真正的幸福可言。

人们普遍认为，之所以最近"公司内忧郁症"会在以二三十岁人为主的人群中频繁发作，就是因为上司、同僚以及下属之间的人际关系处理不善。症状进一步恶化或是慢性化的"忧郁症"会给人们的个人日常生活造成不良影响，甚至可能诱发自杀行为。而事实上，通过对自杀原因的分析也可以看出，工作疲劳、职场人际关系恶化等职场诱因导致的自杀正在逐年递增。

从公司获取薪水，这就决定了你必须优先处理好上下级关系，才能真正获得幸福的人生。家人和兴趣爱好固然重要，也只能屈居其次。这点很重要，尤其当你非常重视(除工作之外的)生活并试图让它更加充实时。

举例来说，下属如果能在日常工作中和上司建立起良性的上下级关系，将非常有利于提高工作效率。想在有急事必须早退或请假时得到上司爽快的许可，光是平常拍拍马屁讨好上司是不够的，关键在于"透过上司把握组织的需求，尽量准确甚至超过预期地满足需求"。只要认真地以此为目标，努力让自己成为最受上司信赖的人，那些小小的个人要求自然会很容易得到满足。

改善上下级关系是下属获取"幸福"的必要条件。同样，上司要想把握住"真正的幸福"，除了和下属建立良好的关系以外，别无他法。因为，下属的工作表现决定着上司的人生。要坐稳上司的位置，本来就不是只确保自己的工作顺利开展就万事大吉的。如果不能调动下属工作，取得重要的成果，就得不到公司的认可。没有成果的支撑，上司就难以让自己的意见和主张在公司中获得通过。

所以，上司的幸福取决于下属的努力。

为了动员下属获取成果，上司在日常工作中必须重视指导下属，构建信赖关系。但是，建立彼此信任的关系并不是要上司拍下属的马屁，讨好他们，而是要"在日常工作中为下属细心解说组织的需求以及造成这种需求的原因，在指导中贯彻以满足组织需求为目的"。上司如果不愿付出这样的努力，公司便将驳回甚至忽视他的意见和要求。这样一来，上司的个人生活方面当然不可能充实，距离幸福也将越来越遥远。

"忍耐"就能带来幸福吗？

你是否也曾和大多数人一样，想要为组织作出贡献，获得组织的认可，想要积极乐观地投入工作中去？你是否幡然醒悟，原来事事随心所欲是不可能的？多次被上司打击，在公司受挫之后，"无力感"正在逐渐吞没着你原先积极向上的热情。慢慢的，你开始重视自己的生活，再也不会一天 24 个小时全身心地扑在工作上。自然而然的,你形成这样的观念:"单纯把工作看作维持生活的手段也挺好的。既然和上司合不来,就忍个几年,也许上司就换人了。如果公司实在太垃圾,就干脆辞职跳槽。"

假如你已经决定在公司只保证满足最低需要的上下级关系,而不愿展现必要之外的工作激情,没关系,这也是一种选择。

但是,我们还是想不厌其烦地再问你一句:"事事无须全力以赴,浑浑噩噩也能度日。这样的公司,这样的每一天,你真的满足吗?"

在职场中和下属发生争执时,上司可以用权力强行压制下属,暂时性地缓和事态,更准确地说是貌似暂时缓和了事态。但与此同时产生的另一个问题是上司不能忽略的,那就是,你深深地伤害了下属。这种伤害甚至远远超过你的想象,它夺走了下属心中"想和这位上司一起工作"以及"想为这个组织作出贡献"的念头。

用"反正不需要永远待在一块儿"这种想法来放弃更复杂的解决方法固然让人省去不少力气,但问题仍会像拳击比赛中打在胸腹部的拳头般慢慢地起效,一点一点地折腾人。而且现在很多下属遇到这种情况,都会毫不犹豫地越级"上诉"到你的上司那里。就算你的上司不会百分之百地轻信下属的告状,也难免会觉得你没能力妥善管理下属的情绪吧?

所以,无论是对公司还是对个人来说,最重要的都是上司和下属间的相互作用(上司为下属着想,下属为上司着想)。缺乏这种相互作用不仅会阻碍组织的良性发展,还会让上司和下属与真正的幸福失之交臂。就算偶尔有热销产品带来暂时性的业绩增长,这样的组织也不会长久。要创造一个活跃的组织并让里面的员工们都真正地获得幸福,上司和下属间的互相作用是必不可少的。

在此,我们衷心希望大多数读完本书的上司和下属,能够通过上下级间的相互作用把握真正的幸福。

モヤモヤ

第 01 章

解密最近流行的教练技术本质

職場

"你能行的,交给你了!"
你瞎说的吧!
——皮格马利翁效应和权限移交

(自以为)干得不错的上司的说辞

"是的,我非常重视把工作全权交给下属。"

"让下属全权负责工作不仅可以激发他们的斗志,更重要的是完成工作后的成就感会和以前有非常明显的不同。"

"特别是对那些有能力的年轻人才,就得不断给他们一些超出能力范围、需要比平常更努力才能胜任的工作,让他们在这个过程中得到锻炼。"

"把升职、晋级作为奖励毕竟是有限的。但是不断把工作交给他们,他们就会意气风发、干劲满满地投入其中。正所谓工作的报酬就是下一项工作。"

"把工作交给下属之后,我只要鼓励他们就行了。不要随便出手帮忙,只要经常在他们耳边鼓励'你行的,交给你了',下属们就会心甘情愿地工作。关键在于你能否信任下属。"

"我当上主管之前一直觉得自己不适合做管理工作,但学习了教练技术之后,我的观念改变了。现在我明白了,其实是否能够指导别人、激励别人的斗志,完全无关天分。"

"刚开始管理新部门的时候我也有过不安。多亏了那些斗志满满的下属们,我才能坚持下来,连妻子都说我最近的脸色变好了。今后,我管理的部门还会培养出更多更优秀的人才,敬请期待噢!"

这位上司对教练技术的使用心得真是很到位。可以看出,这位优秀的管理者应该已经掌握了教练技术的基础。的确,他的"观念"似乎没错,但是他的那些下属们却常常因为上司这种半吊子的方法而吃尽了苦头。下属 A 就有过这样的经历。

那么,究竟是什么导致了上司和下属间观念的巨大隔阂呢?

下属 A 的烦恼

"小 A,你现在有时间吗?"这天,员工 A 突然被上司叫了出去。

这位上司今年 4 月才刚刚上任。在这家竞争激烈的外资企业里,管理者上任半年内必须交出一定的成果已经是一条不成文的规定了。这位上司当然也正急于出成果,现在正是新官上任三把火的关键时刻。

小 A 从上司说的话以及说话态度等细节中敏锐地觉察到了他的这种急切。"唉,又来了!"小 A 在心里嘀咕。

在这个员工平均年龄 25 ~ 30 岁的部门里,年轻有为的小 A 是备受众人信赖和瞩目的希望之星,每每被上司委以重任。最初,小 A 认为这是上司认可自己能力的证明,总是积极地接受任务。但最近随着工作委托越来越频繁,小 A 难免有些为难和犹豫。

"我该不会被上司卖了还在帮他数钱吧?"

但上司似乎全然没有察觉小 A 的这种疑虑,继续着自己的话题:"是这样的,明年咱们公司不是要发售新产品吗? 我想,这次发售要把代理商全都动员起来,来一场声势浩大的宣传活动! 我觉得这次这个产品本身是没话说的，就只差销售这个东风了！然后呢，希望你务必要负责这个新产品的销售计划！"

有那么一瞬间，小 A 真想拍桌子质问"这不是身为上司的你该做的工作吗"，但是转念想到如果此时直接反驳上司，很可能会影响自己的人事评价，而且在外资企业中，掌握员工生杀大权的不是人事部，而是自己的直属上司。

于是小 A 决定委婉地拒绝："嗯……我非常感激你对我的信任，但是我觉得其他同事可能会比我更适合这项工作。再说，我一个人干这件事没什么信心。"

上司却一副根本没多想的样子就敲定了："绝对没问题！你肯定行的！就这么定了，加油！"

这位上司上任不过才 3 个月。小 A 实在很难相信他对自己能有多深的了解。他凭什么说"你肯定行的"这种话呢？小 A 愤愤地想着，无奈地回到了自己的座位。

这件事又一次加深了小 A 心中的烦恼。

上司那副自信满满的样子正是导致问题变得这么复杂的元凶。那么，有什么方法能有效地解决两人间的问题呢？怎么做，才能让这位上司和下属间的关系得到改善呢？

接下来，我们会首先给下属们提出一些建议。希望身为下属的各位读者能够怀着谦虚的态度倾听以下内容。

致下属

——上司真的很信任你

就算上司是出于真心说出"你肯定行的"这句话来的,这种"没凭没据的信赖"仍然会给下属带来不小的困扰。如果说出"你肯定行的"的人,是一位真正了解自己,且彼此间有着密切信赖关系的上司,下属肯定会非常欣喜,并全力以赴地投入工作。可惜的是,很少有上司能满足这样的条件,大多数时候,这句话听起来不过是上司们的临时起意。

但是换一个角度来想,上司之所以说"你肯定行的",也许是在试图用他们所能想到的方式来激发你的斗志,并尽可能地把工作全权交托给你。

上司真心觉得你"行",你就一定"行"

心理学有个专业用语叫做"皮格马利翁效应"。皮格马利翁是希腊神话中塞浦路斯王国的国王。关于他,有一个美丽动人的故事。塞浦路斯国王皮格马利翁深深爱慕着一尊象牙雕成的美女塑像。女神阿佛罗狄忒被他的深情感动,对着雕像吹了一口气,为它注入了生命。美女雕像化身为真正的女性,与皮格马利翁结成了夫妇。

后来,皮格马利翁效应的意思发生了转变,人们现在常常用它来形容通过不断地期待某件事的发生而最终使其成为现实的情况。

最早提出皮格马利翁效应的是美国心理学家罗森塔尔和雅格布森(Rosethal 和 Jacobson,1968)。他们以小学教师和学生为实验对象,假借预测小学生学习能力的名义对孩子们进行了智力检测。然后他们在不考虑智商检测结果的情况下随机抽选出一部分孩子,对教师谎称将来这些孩子的智力会迅速且大幅度地提高。半年后,惊人的结果出现了。智力检测结果显示,半年前被随机抽选出的孩子们的 IQ 与其他孩子之间产生了差距。当初随机选出的孩子们因为感受到教师在话语中或是话语之外其他方式所表达出的期待,智力真的提高了。

这个实验是在学校的教室中进行的,在这里,教师的一言一行原本就会给学生带来巨大的影响。但我们仍不难从这个实验中看出:他人对自己的期待,以及自身被这种期待所激发出的自我信任感,能够促进人的成长。因此我们可以想象,前面提到的上司,如此信任自己的下属,那么由他率领的团队表现总体上来看肯定会越来越好。

上司向"你"移交权限的目的是成果的最大化

要想理解上司的意图,除了前面提到的皮格马利翁效应之外,下属们还得学习另外一种理念,那就是在组织获取成功的过程中至关重要的"权限移交"理念。

在前线拼搏的你才是直接接触客户和项目的人,上司不可能预测到现场发生的每一件事,更不可能指挥下属的每一步行动。因此,上司不如干脆把权限移交给下属,让下属负责根据现场情况进行判断。这样一来,不仅可以消除下属的"被动感",调动下属的工作热情,还能让客户享受到更高效的服务。这些正是上司向下属移交权限的目的所在。一个人才获得充分发展、组织获得成功的团队,无一不是有效地实践了权限移交理念。

说起权限移交的著名案例,就必须提到丽思卡尔顿酒店(The Ritz-Carlton)了。在丽思卡尔顿,每位公司员工都被赋予了 1 天 2000 美元的决策权。只要是为了满足客人的需求,职员不需要获得任何人的许可,就有权当场支出 2000 美元以内的金额。

当然,权限移交理念并非任何时候都能像丽思卡尔顿酒店那样获得成效。对有些人来说,权限带来了沉重的负担,使他们无法轻松自在地展开工作。这种情况是上司很难理解的,所以获得权限的一方必须主动向上司问清楚"我的决策权究竟有多大",或明确地提出"我希望这部分的工作能得到上司的协助"。

上司的"不负责任"让下属获得成长

身为下属,还有一个观念是必须改变的。

你可能会认为,上司把工作全权交给你,就等同于把责任全都丢给了你,但事实上,假如你没有做好这件事,对此负责的还是上司。从上司的角度来看,移交权限是一件非常需要勇气的事,所以,与其一个劲儿地指责上司不负责任,不如将它看作一个检验自己当前能力的机会吧。

上司把权限移交给你,就意味着你有百分之两百的空间来发挥自己的想象力和创造力。此时放手一搏,肯定能让你的能力得到充分的锻炼。因此,下属越是觉得上司"没有责任感",就越不得不更认真地投入工作,获得锻炼的机会也就越多。

一点儿小技巧就能帮上司减压

在理解了这些观念的基础上学会巧妙地"利用"上司也十分重要。

反正抓着同事数落上司的缺点、一个劲儿地发牢骚也无济于事,所以你倒不如试着去理解上司所处的"不得不移交权限的立场"，与上司携手共渡难关。这样的做法不是更积极也更有效吗？巧妙运用报告、联络、谈话这三大法宝，就能让上司多多给予协助。

只要你肯在某些事情上多花些心思，得到上司的协助其实并不难。比如多多向上司报告自己的工作状态，需要上司协助时明确简洁地提出要求，看准时机请求支援等。这些小心思都能让你更容易获得上司的帮助。对于上司来说，把握下属的工作状况也有利于自己及时采取应对措施。

可以说，充分发挥自己对上司的影响力，帮助上司了解自己在工作上的特长和才华，也是下属的职责之一。

到这里，你是否已经完全掌握下属应有的态度和应对措施了呢？

但是，大概还是免不了有人会觉得："有些上司也许是真的因为嫌麻烦而不管三七二十一地把工作全丢给下属，那么对于这样的人，我们又该怎么做呢？"

接下来，本书就要给上司们一点建议了。

致上司

——"权限移交"是有前提的

身为上司的你想必是为了激发下属的工作热情才会以"你肯定能行"的态度去鼓励下属的吧？遗憾的是,在说这样的话前你必须得明白,皮格马利翁效应并不是在任何情况都能顺利发挥作用的。

以前面提到的美国小学为例,小学生们因为觉察到他们眼中的"绝对权威"——教师——对自己的期待,而激发了学习热情。在这个案例里,我们不能忽略孩子们对老师的信任,这是实验成功的基本前提。同样,上下级间是否建立起了牢固的信赖关系,也决定着下属是否会把上司的言行看作对自己的期待。一个根本不被信任的上司的"期待的话语",只会让下属怀疑那只是上司"临时随便想到的台词"。这样不仅无法激发下属的工作热情,甚至还可能演变成引爆彼此间不信任感的导火索。

"全权托付"的决心

当上司将工作全权委托给下属的同时,上司自己也必须做好为下属提供最大限度支援的心理准备,避免单纯的"放任"行为。

在下属开展工作的过程中,上司必须时不时地询问下属"工作进程中有什么令你不放心的要素吗"或是"有什么要事先跟我确认的吗",并在获得明确答复后及时地予以处理。这是权限移交的必要条件。如果上司没有做到这一点的决心,就不应该轻易地说出"交给你了"、"我相信你"这样的话。

此外,上司在分配工作时不能只顾单方面地下命令。首先,上司必须详细地询问并准确地把握对方的状况,同时告知对方本次工作的背景信息,身为上司的自己对这项工作有什么想法以及对下属的期望。

是"权限移交"还是"不负责任"?

除此之外,上司在移交权限时必须明确地认识到,下属和自己是不同的两个人。

比如说,权限移交的前提是,对象必须具备相应的能力并掌握着在工作中进行决策所需的信息。因此,上司在移交权限时必须先判断对象是否具备这些要素,并根据判断结果适当地调整策略。

就算权限的移交激发了该下属的工作热情,但如果下属并不具备相应的能力,也没有掌握必要的信息,就不可能在上司不提供适当支援的情况下获得预期的成果。

另外,上司在进行权限移交时,不能将全部的工作都交由下属酌情处理。上司必须在事先和下属一同确认工作的步骤,尽量避免工作过程中可能产生的风险。

可以说,权限移交是一项在实践中同时需要细心和勇气的管理理念。为了避免权限移交变成"上司不负责任",请务必先切实地把握下属的为人以及工作状态,并给予及时恰当的支援。

交流重"量"不重"质"

那么,究竟要怎么做才能让下属信任自己呢? 这个问题大概是作为上司的人都会有的烦恼吧。

就拿前文所举的例子来说,假如这位上司与下属间有着深厚的信赖感,自然就不会出现沟通不畅的情况了吧? 然而,信赖感这种东西不是上司诚恳地请求"相信我吧,求求你了,相信我吧"便可以获得的。

那么,有什么方法可以构建信赖感呢?

我们曾在多家接受我们咨询服务的公司中,就员工们对上司的认可度以及员工产生信赖感的原因进行过调查。调查结果显示,上司和下属间交流的"量"越大,员工对上司的信赖感就越高,信赖感跟交流的"内容"并没有什么直接的关联。只要上司对自己的言行有所反馈,哪怕只有一点点,都会在下属心中累积起来。相反,上司如果没有任何反馈,下属就会感到不安甚至不知所措。因此,是否有"交流的意愿"是我们首先应当予以重视的。

你能每次都在 10 分钟内回短信吗?

身为上司的你是否觉得现在的年轻人对工作缺乏热情和耐心? 对此,我们要给各位介绍一个耐人寻味的数据,调查数据显示:大学毕业后 3 年内,有约 38% 的人选择辞职(2009 年日本厚生劳动省调查数据)。

可是,这个数据真的就能证明年轻一代缺乏热情和耐性吗? 恐怕也不尽然吧。

现如今的年轻人从小就习惯了手机、网络、电视游戏等反馈效率极高的信息承载传播媒介。针对小学生的问卷调查结果显示,有 40% 的小学生表示:如果短信在 10 分钟以内没有得到回复,就会感到不安(2008 年东京都教育委员会调查问卷)。

无论是手机短信的回复还是游戏的结果,都是对自己所采取的行动的反馈,年轻人早已经习惯了这个信息反馈效率极高的世界。而当这样的年轻人进入企业中,长期处在身边几乎没有同龄人又完全没有上司指导的环境中,会变成什么样子呢?

著名的诺贝尔和平奖获得者特里萨修女曾说过:爱的反面是冷漠。而对于作为社会性动物的人类而言,没有比这种冷漠——被人"无视"的状态,更残酷的了。上司和同事越是漠视自己,人就会越想逃离职场。也就是说,年轻人在这种情况下自然而然地便会在脑海中浮现出想要辞职的念头。

没有任何报酬,人们却愿意坚持更新微博或博客,这背后的动力就是能够获得及时反馈。所以,在身为上司的你感叹年轻人没有干劲之前,是否应该反省一下,你所在的部门是否做到了迅速而态度肯定地给予年轻职员反馈呢?当然,也不能一味地迎合年轻人,在满足年轻人合理需求的同时,还应该让他们明白,公司和手机短信、游戏毕竟是不同的。

"是你的话你会怎么办？"
是我在问你好吧，亲！

——倾听和"I Message"

（自以为）干得不错的上司的说辞

"可能是因为我在美国生活的时间比较长吧，总觉得日本教育的弊端对上司和下属间的交流也产生了影响。"

"为什么日本人非得揪出一个唯一的正确答案来不可呢？大家甚至相信，有人事先就掌握着独一无二的正确答案，在学校那个人是老师，到了职场就是上司。这就是最大的问题，最大的 issue（问题）！"

"我一般会先让下属自己思考。我会问对方：'在这种情况下，你想怎么处理?'在美国,这种方式是非常普遍的,甚至在教小学生时也采取这种方式。看到这样的做法,刚开始我也很困惑。因为氛围和日本完全不同,在美国所有人都以没有个人主见为耻。但是习惯这种氛围以后,我也自然而然地接受了这种观念,渐渐地养成了自主思考的习惯。现在,我非常感激美国给我带来的这种改变,many thanks(太感谢了)!"

"我现在也是领导着一众下属的管理者了,在我手下既有经验丰富、办事老练的老员工,也有年轻有为的新员工。其中,我尤其注重培养年轻员工的自主思考能力。正所谓打铁要趁热嘛,strike while the iron is hot。"

"不管怎么样,我的提问式指导法激励了下属,他们开始学着习惯自主思考。这点只要看他们的表情就知道了。我就是要他们烦恼、再烦恼,在烦恼中锻炼自己的思维能力,逐渐成长起来,取得飞跃性的突破,并且最终超越我。"

这位上司的提问式指导法听起来似乎真的很不错。巧妙地运用提问技巧刺激员工进行自主思考,这也是教练技术中比较具体有效的手段之一。

但是,现实却跟这位上司想象的有点不同。这位上司的提问式指导法给下属们带来了不少困扰。

那么,下属究竟是因为什么而陷入了混乱呢?

下属 B 的烦恼

"我们一起思考一下怎么做才能改善当下的状况吧,如何? 首先要找到造成业绩不振的主要原因,对此你有什么看法吗?"上司问员工 B。

本来是来询问上司意见的,没想到却被上司反问了,小 B 彻底无语了,硬生生地把问题吞了回去。

小 B 进入现在这家公司已经 3 年,目前这个工作却是今年才刚刚接手的,所以对于上司的那些问题,小 B 是真的回答不上来。即便如此,上司还继续追问:"怎么了? 没关系的,你只要说出自己的意见就行了。"于是在上司死缠烂打、胡搅蛮缠的攻势之下,小 B 没什么信心地回答说:"我认为在提出议案的方式上可能有点儿问题。"

"原来如此,你觉得提出议案的方式有问题啊!"上司郑重其事得有点儿夸张。正在小 B 期待上司说点什么有用的建议时,上司却继续追问道:"然后呢?"

无论小 B 说什么,上司的回答除了"原来如此"就是"然后呢"。对于这样的谈话，小 B 终于开始有点不耐烦了，只好加重几分语气请求上司："我希望课长你能给我一些建议，我会按照你的建议来着手工作。"小 B 真实的心声是：课长在这个领域经验丰富，业绩颇丰，如果他能传授我点儿秘诀和窍门就好了。

小 B 刚一说完，上司的脸色就变了，他"悲愤"地说道："我现在可是在征求你的意见，你就这样放弃独立思考，全都丢给我算是怎么回事？"末了还感叹说："如果你只能用这种方式和我交流，那么身为你的上司，我真的感到很难过。"这好好地谈事情，怎么会扯到这种问题上去呢！小 B 只觉得心里堵得慌。可上司看到小 B 这副困惑的样子，竟然点了点头，一副很是满意的样子。看到上司这个样子，小 B 心里更混乱了。

在下属眼里，上司不过是在演独角戏。

可能有人会觉得，下属已经这么无语了，这位上司还浑然不觉，真是反应迟钝。

但，事实真的如此吗？下属小 B 难道就没有需要改进的地方吗？

为了解决这个问题，首先让我们来思考一下下属能做些什么吧。

致下属

——激发潜力比解决问题更重要

刚踏入社会的时候,大家肯定都接受过这样的指导:工作中发生了问题或有什么疑问,首先要跟上司报告、联络、商谈,即马上联络上司,向上司报告问题或疑问,和上司商量对策。在还是新人的最初几年里,能够做到这些就足够了,但是随着员工肩负的责任越来越大,单凭这三大法宝渐渐行不通了。越是优秀的人才就越容易在询问上司的意见时被反问:"如果是你的话,会怎么做?你觉得怎么做比较好呢?"

当下属凭个人力量已经无论如何都想不出结论时,当事情已然到了千钧一发、分秒必争的紧要关头,下属企盼着上司江湖救急时,却不幸遭遇喜欢用提问式指导法的上司,那么这时候的提问便会在无意中成了落井下石之举,让下属在心里暗暗掀翻十几二十张桌子了吧!

既然提问式指导法这样受到下属诟病,为什么上司还要坚持采用这种方式呢?

其实这种所谓的提问式指导法,是教练技术的另一重要技巧——"倾听"。上司是在试图通过这种方法最大限度地激发出你的潜在能力。

教练技术的宗旨是帮你发现自己心中的"答案"

教练技术的基本理念是,由"培养者(上司)"引导"被培养者(下属)"发现自己心里的答案,而不主张"培养者(上司)"单方面地告知"被培养者(下属)"答案。单方面地告知答案,不仅会使身为被培养者的你对获得的答案缺乏主体意识,还极有可能让你逐渐习惯于被告知,并逐渐丧失自主思考的能力。因此上司才会问你:"如果是你的话,会怎么做?"其实,他是希望你能主动地去寻求答案,这样,你对于找到的答案才会有强烈的主体意识和责任感,直到问题圆满解决。

连上司都不知道答案的时代来临了

的确,上司的经验比你丰富,知识面也比你广阔,然而随着时代和环境的改变,解决问题的方式也在发生着变化。也就是说,我们已经无法确定上司以前所积累的经验和知识储备是否每次都能奏效。所以请你牢记,上司不是日本古代童话里那把敲一下就能实现所有愿望的"万宝槌",他不可能在任何情况下都想出解决问题的妙法。

连上司都不知道答案的时代已经来临了。只要我们注意一下各个公司领导给员工们的寄语的变化,就可见端倪。在日本,每年4月份社长都会给公司的新员工送上自己的祝辞,一些大型企业的迎新祝辞还会被刊登在报纸上。只需比较一下这几年的祝辞,我们就可以得到这个结论。早些年大多数公司还在说:"希望各位新员工能尽早熟悉工作,融到前辈们中去。"现在却全都换成了:"希望各位新员工能够成为勇于创新的人才,摆脱固有观念的束缚,并且拥有自主思考的能力。"

从这个变化中我们不难解读公司领导层的心理变化。现在的领导层更希望年轻员工不要满足于被动地等候别人告知答案,而是能有自己的主见,从而最大限度地发挥个人的才华和潜能。这是一个连上司都不知道准确答案的时代,也是一个对年轻人才的自主性和主导性寄予厚望的时代。

"鹦鹉学舌"背后的学问

"我认为提出议案的方式上有点儿问题。"

"原来如此,你觉得提出议案的方式有问题啊。"

上面的对话表面上看起来像是上司在"鹦鹉学舌",实际上这里面可是大有学问的。所谓的"鹦鹉学舌",其实是"倾听"的重要技巧之一——在自己发言时有意识地重复对方说过的话,从而让对方感觉到自己已经"听见了,也明白了"他的话。另外,这样做也有利于发言者自己对对方的话语进行进一步的思考,产生新的看法和灵感。这位"鹦鹉学舌"的上司现在做的就是这么一件事情。

在这种情况下,上司已经做好了不否定下属提出的任何意见的心理准备,因此下属应该充分利用这个大好时机,完全不必担心说错了该怎么办。就当是在占卜问卦,甭管它灵不灵,你只管知无不言言无不尽。因为帮你整理思路也是上司的职责之一。

为什么上司说自己"难过"?

平日里经常怒火冲天的上司,突然一反常态地伤感起来,连连感叹自己"很难过"甚至指明是"你让我很难过",无论谁听了都会觉得丈二和尚摸不着头脑吧?尤其是那些已经习惯了被上司骂,不管上司怎么冲他发火都丝毫不会感到有压力的人(说好听点儿是善于接受批评),这种时候更会觉得,干脆被上司骂"你这个笨蛋,脑子里装的都是什么"要来得爽快点儿。

那么,上司究竟为什么说自己"很难过"呢?接下来,就请跟随我们一起挖掘这背后蕴含的深意吧。

其实,这在教练技术中叫做"I Message"。和"I Message"相对的是"You Message",所谓"You Message"就是主语为"你(you)"的

指责性话语,比如:"都怪你。""你为什么要惹顾客生气呢?""都是因为你的应对措施太差劲了!"……

而所谓的"I Message"则是主语为"我(I)"的话语,比如"我觉得目前这种情况不太对劲,必须及时采取应对措施"等。

在批评下属时使用"I Message",可以避免言辞过于严厉,并且敦促下属主动反省自身。

当一个人被"都是你的错","你应该这么做"之类的话语斥责时,心情肯定不会太好,但是如果听不到批评声,当事人又没有发觉错误的话,恐怕只会耽误解决问题。因此,上司选择了使用"I Message",以求在不伤害对方的前提下让对方明白自身的一些错误和问题。

为了不使你的自尊心受到伤害,上司使用了"I"作为主语;为了不让对话变得像是在故意挑刺,上司说自己"很难过",并希望你能从中觉察到自身存在的问题。这就是隐藏在上司这番言行后的背景和动机。

说到这里,你明白为什么下属也需要去主动体谅上司的意图了吗?

这个世界上没有绝对完美的上司,而另一方面,也的确有些冷酷的上司,从头到尾没有为下属着想的意识。

学会站在对方的立场上思考问题是至关重要的一件事。这不仅对下属,对上司也是必要的。

致上司

——"倾听"不是听过就算了

想必身为上司的你是为了下属的成长而采用教练技术的吧？

实践教练技术本身是个非常值得赞许的行为，但是在此之前我们必须清楚，教练技术并非在任何场合和时间都同样有效。

在"小学生"身上实践教练技术有用吗？

实践教练技术的前提是"被培养者"自身掌握了解开问题的答案。但是如果问题非常复杂，难度极高，又或是被培养者非常不成熟，这个前提就不那么容易成立了。举例来说，无论我们在小学生身上实践多么高质量的教练技术，他们也不可能解答出高中生的数学问题。因此在实践教练技术之前，上司必须准确判断问题的难易度以及对象的成熟程度。

员工教授法（teaching）与教练技术的区别

在管理学中，还有称为"员工教授法"的员工指导方式。相对于教练技术主张引导"被培养者"在自己心中寻找答案,员工教授法提倡由"培养者"将答案直接传授给"被培养者"。在某些特殊情况下,我们其实可以适当地融入一些员工教授法,不必从头到尾都实行教练技术。比如在前面的那个例子里,下属 B 面临的问题过于复杂、其本身也不够成熟,以及是在千钧一发、分秒必争的紧要关头,同时采用两种指导方式有利于上司及时有效地帮助下属解决问题。

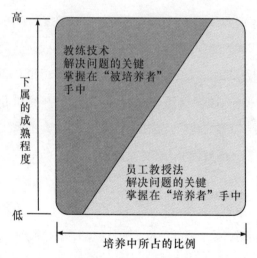

图 1-1 配合下属的成熟程度,选择适用的指导方式

具体的做法是:跟下属分享自己从亲身经历中总结出的一些看法,并倾听下属对这些看法的意见。提问时可以用"我是这么想

的,这是因为……你怎么想,直接说说你的意见吧"这样的提问方式,利用上司自己的主张(我是这么想的)刺激下属主动独立地思考问题。在教练技术的实践中,请务必考虑员工教授法与教练技术的平衡(见图 1-1)。

教练(coach)的职责是陪选手跑完全程

另外,就算问题的难易度、下属的成熟程度等各方面条件都符合教练技术的实践标准,上司也不能将寻找答案的任务完全交给下属。在实践教练技术时,上司必须陪伴下属从起点(现状)"跑"到终点(问题解决)。碰到难以攻克的关卡,上司和下属要通过交流,交换必要的信息。必须十分注意的是,上司只有和下属共同经历烦恼,结合双方的智慧制定出方针策略,才能真正地圆满解决问题,让下属在不断磨炼中逐渐成长。

"是我给你的指导不够,对不起!"

为了达到有效实践教练技术的目的,上司必须使用一些技巧,其中"倾听"对方说话就是必用的重要技巧之一。除此之外,适时"强调"自己的意见也十分必要。否则,对方将很难抓住你想要表达的重点。

能够使用"I Message"表达自己的情感固然很好,但有时与其抽象地说"我很难过",不如直截了当地告知对方,自己觉得哪些部分有疑问。在某些情况下,不妨明确具体地告诉对方:"我觉得这部分有问题。"

另外,在使用"I Message"表达自己的意见时,如果能为这种情况提供一些有说服力的依据,将更容易使人信服,也更容易感染人。例如,当你向对方表示自己非常难过时,如果能说明为什么而难过,将更便于对方理解你的情绪。

接下来,我们要介绍的就是一位管理者"颇有成效的 I Message"。

这位主管手下有一位叫做 A 的下属。某一天,一位客户向这位主管提出了这样的要求:"我不太放心你手下的 A 来负责这个项目,可以给我换另外一个经验丰富一点的人吗?"

对于这位客户的要求,主管回答说:"我可以向你保证,A 是一位处处以客户为先的优秀员工,也是我非常信赖的下属。我会严格指导他圆满完成这个项目,绝不让你失望。请你无论如何给他一次机会,让他负责这个项目。"

由于主管的恳切请求,客户继续让 A 担任了该项目的负责人。

但是有一天,这位客户来向主管投诉 A 了。客户抱怨说:"他根本没办法准确回答我方提出的疑问。"于是主管不得不带着 A 一起去客户公司当面致歉。在回公司的路上,主管不带任何个人情绪地客观评价了这次的事件："我不希望看到这种有损客户对公司信任的失误第二次发生。我们每一个员工应对客户的方式和态度，都代表着公司。我认为你之前的应对并不恰当。"

说完后，主管又用"I Message"跟 A 道歉说："是我给你的指导不够，对不起。"

听了上司的这番话，下属 A 理解了上司是真心想要培养自己的，充分体会到了他的苦心，下决心再也不辜负上司的期待，绝不让这次的失误重演。

在上面这个案例中，如果这位主管采用"You Message"，带着私人情绪斥责下属说："我好不容易才拜托客户让你继续负责这个项目，你就拿这么个烂摊子来回报我！"那么不论主管的理由有多么充分，恐怕都很难让下属心甘情愿地接受这种斥责吧。

如果身为上司的你真心期待看到下属无论在思想上还是行为上都气象一新，就请使用"I Message"吧。

为什么松下幸之助要认真倾听年轻员工的意见？

到目前为止，我们已经学习了一些实践教练技术时所需的小技巧。比如，在某些情况下，可以在教练技术中适当地融入员工教授法；在使用"I Message"时，不能忽略在必要时刻单刀直入地指出问题所在。习得了这些技巧之后，我们在实践中还得注意一件事情,那就是,不要过分在意这些技巧性的东西,尽量避免刻意的人为操作。

著名企业家松下幸之助的言行就给了我们一些这方面的启发。他的经验告诉我们,上司积极倾听下属的意见,获益的并非只有下属。

即使是和刚进公司不久的年轻员工对话,松下幸之助也会边附和说"好像很有趣"、"原来如此,我很想听你说说这件事情"、"你说的真是一针见血"之类的话,边微微前倾身体,仔细地倾听对方阐述自己的意见。松下幸之助的这个举动虽然在事实上实践了教练技术的基础之一——"倾听",但是他的真正意图却并不在此。松下幸之助之所以认真倾听年轻员工的意见,是因为他的一个信念。松下曾说过:"跟我相比,对方的确还是个涉世未深的毛头孩子,社会经验肯定不如我丰富。但是他毕竟也在这个世上活了20多年了,肯定多多少少有些独到的见解。从他的视角得出的结论对我而言何尝不是一种帮助呢?"他相信,我们肯定能从别人的意见中获得一些启发。

松下幸之助的这种观念是值得其他上司借鉴的。随着你坐上管理者的位置,会越来越难有机会直接从工作的现场收集到第一手信息,因此下属就成了你获取第一手信息的唯一途径。在这种情况下,如果你和下属之间没有良好的信赖关系,就很有可能只能从他们那里获得一个简单结论甚至只是好听的场面话,难以掌握真实的信息。

也正是因为如此,从下属那儿直接获取的信息才显得格外珍贵。

通过实践教练技术,上司不仅可以提高自己激发员工工作热情的能力,还能让自己的实务能力更进一步。之所以这么说,其中一个重要原因就是:倾听下属的意见有利于上司收集有效的信息。

松下幸之助看似是在鼓励下属进行自主思考,其实他自己也在认真地思考着。下属正是因为觉察到松下幸之助这种认真的态度,才会欣然接受他的引导,主动独立思考问题。如果身为上司的你现在还抱着投机取巧的态度,误认为自己只要做做样子,就能激发对方自主思考的意愿的话,就根本不必指望能够通过交流解决问题了。

主体意识

——为什么不该埋怨"那家伙什么都不懂"?

"公司销售支持部的那些人对现场的事情根本就一窍不通嘛!他们就只会一个劲儿地使唤我们做这个干那个的,只顾自己的利益,拿我们当牛作马。再没人出来管管他们,我们真的要被烦死了!"

这是负责销售的员工不满为其提供援助的促销团队的一个典型案例。类似的抱怨几乎在每个公司都能听到，绝不是个案。

销售人员的心情固然可以理解，但是难道你以为自己抱怨几句就会有别人来解决问题吗？从他的话语中，我们感受不到他自己有任何主动出击的意愿。

那么，究竟什么才是主体意识呢？

所谓的"具有主体性意识"，是指销售人员在遇到"销售支持部不了解现场情况"的状况时，主动设法向他们传递现场的信息，努力让他们了解现场的具体状况。

也许有人会反驳："以我目前的职位，还轮不到我来考虑这些问题呢！这些工作至少也得课长级别的人来做吧？"但事实上，所谓的"主体意识"就是要我们抛弃"那是课长的工作"之类的思维模式，在工作中努力发挥自身的主导性。即使那是课长的工作，我们也可以为课长提供信息，协助他作出决策。

如果不能理直气壮地以第一人称表达自己的意见，而是拿别人当挡箭牌言辞闪烁，那么你再精辟的见解也会成为无关紧要的闲言碎语。每个人职务和立场的不同，决定了彼此享有不同的权限，也必须承担各自的责任。然而任何职位的人其实都拥有广阔得超乎自己想象的自由行动空间。你需要做的，只是把主语换成"我"，然后大声告诉对方："我认为应该这么做"或是"我想这么做"。这样，你就能锻炼自己的主体意识。把"我觉得""我想"等强调个人见解的词放在句首，能迫使自己主动去认真思考问题，让自己思虑得更加周到。

你想成为优秀的领导者吗？你想成为优秀的管理者吗？如果你的答案是肯定的，就请时刻注意在表达意见时加上"我"这个主语吧。

"我很期待你哦!"

那给我加薪水啊!

——认知需求与反馈

（自以为）干得不错的上司的说辞

"说到底,要培养一位下属,关键还是要肯定他们、认可他们,并且经常向他们传达一个讯息,就是上司一直在关注着他们,对他们的工作状况非常了解。"

"有句话说得好:'爱的反面不是恨,而是冷漠。'不关心下属工作状况的上司是不合格的上司。就算表现得夸张一点儿也好,总之必须多跟下属交流。对于下属工作上的成果,哪怕是微不足道的小成果,也不忘记夸奖他。"

"谁都喜欢受人期待。我的下属就是因为感受到了我对他们的期待,才会比以前更积极工作的。"

"今后我还是会坚持多多表扬下属！我认为,营造更加积极向上的职场氛围也是上司的工作之一。"

以上是一个实践教练技术领导者的精辟见解。

只需给予下属期待,他们的工作热情就会自动地越来越高涨,这实在是太美好了。但是在现实中,事情似乎并没有那么美好。

那么究竟是什么让下属如此烦恼呢?

下属 C 的烦恼

虽然小 C 经常受到上司的夸奖,但他对于这位上司的言行却十分气愤。究竟是什么让小 C 对上司如此不满呢?

他的这位上司经常因为一点儿小事夸奖小 C。不管小 C 做了什么,都会得到上司的夸奖,不是"真了不起",就是"我很期待你的表现",再不然就是"你的工作实在是太出色了"。可想而知,小 C 每次听到这样的夸奖,心里自然都是充满了期待的。

小 C 想:"我的人事评价肯定比其他同期进公司的同事和别的部门的同事要高吧? 加薪加奖金肯定不在话下了,说不定还能升职呢!"

但是不久前的评价面谈中被告知的评价结果彻底粉碎了小 C 的美梦。人事评价没有提高,他的薪水、奖金也都和去年一样。小 C 觉得不可思议,上司的那些夸奖究竟算是什么意思呢?

"课长那些夸人的话肯定都不是真心的! 结果他还不是没给我好评吗?"小 C 愤愤地想。

从那以后,每当上司夸奖小 C,小 C 心里对上司的不信任和愤怒就会加深一点。

上司试图通过夸奖下属来激发他们的工作热情,但对下属而言,如果人事评价没有提高,薪水、奖金没有增加,一切就都是空谈。

这个案例中,两人的关系就是这样。

但是,"夸奖"如果没有伴随一定的实质性奖励,是否就一定无效呢?

致下属

——请努力理解上司给你的信息

的确,如果上司一遇到什么事就拼命夸你"真是太了不起"、"实在是太出色了",反而会让人觉得没劲。你大概非常希望上司能够停止倾销他那些廉价的溢美之词,但是为什么你不试着去敞开心扉接受上司的夸奖呢? 要知道,上司之所以会夸奖你,是因为他在表达自己对你的"认同"(acknowledgement),想让你知道,他十分认可你。

上司在努力满足你的"认知需求"

所谓认知就是认可对方的价值,并对对方为自己所做的事情表示感谢,也就是让对方知道,自己一直在关注着他以及他的工作状态。

任何人都有"希望被人认可"的需求。美国心理学家阿布拉罕·马斯洛(1908—1970 年)把人类的需求分为 5 个层次。

第一层次:生理需求(食欲、性欲等维持生命的本能需求)。

第二层次:安全需求(衣物和住所等,确保自身处于安全状态的需求)。

第三层次:社会需求(希望经常与他人相互联系的需求)。

第四层次:尊重需求(希望自己的存在价值得到他人认同的需求,即认知需求)。

第五层次:自我实现需求(渴望最大限度地发挥自己的才华与潜能,使自己不断获得成长的需求)。

以上 5 个需求随着级别的递增,需求的层次也越来越高。而前文提到的"希望获得他人认同"的需求属于第四层次——自我需求(尊重需求)。

如果不关注你,上司就无法发送"I Message"

也就是说,上司之所以对你说那些赞美的话,是因为他正试图满足你的高层次需求,从而激发你的工作热情,并期待你的业绩大幅度增长。而在这类赞美的话语中,采用"I Message"往往会事半功倍。使用"I Message"的话语通常会让人觉得更具有真实性和可信度,这是因为人们只有设身处地去理解对方身处的状况(此处指工作情况),并对此有着自己独特的见解,才能驾驭"I Message"来传递自己的意思。

你的上司为了让你知道他对你的认同才会经常赞美你。既然如此,你又何不坦率地接受上司的夸赞,并将它作为提升自己能力的动力呢? 如果下属真的无能到让人完全没法期待的话,再矫情的上司也说不出那些溢美之词。认识到上司对自己的赞美代表着对自己的期待,并学会把这种赞美和期待作为继续奋斗的动力,对作为下属的你来说是十分重要的。

这样的上司会努力寻找你的优点,且毫不吝惜自己的赞美,竭尽全力地帮助你变得更加自信。

虽然这些赞美暂时没有反映到人事评价里,但却绝不是谎言。

这时,你可不要急功近利哦。把上司的赞美作为继续努力的动力,才能真正有所收获。

致上司

——赞美并不总是行得通

身为上司的你肯定非常希望通过表达自己对下属的认知,来激发他们在工作上的斗志。应该说,这个尝试本身还是十分有价值的。然而你不得不面对的现实情况是,这一套未必对谁都能行得通。由于每个人"希望得到赞美的点"都不同,因此任何时候(对任何人)都用同样的夸奖方式,并不能满足所有的下属。

并非所有下属都能"在赞美声中成长"

"认知"也分为两种:一种是当面直接赞美对方,即"直接认知";另一种则是通过向身边的其他人表达自己的认知,再通过这些人将自己的认知传达给本人,即"间接认知"(例如别人告诉你"某某上司夸过你哦"等)。其中,间接认知实践起来非常困难。而且通过第三者获知自己得到了认可,很有可能会成为被认知者的负担,给他带来压力。

事实上对有些人而言,严厉的斥责和激将法比那些溢美之词更能激发他心中的斗志;而另外一些人则希望他人能够针对他的实际工作情况,具体地给出富有逻辑性的反馈信息,这些反馈能成为他们继续努力的动力。

所以,各位上司不妨先从了解对方(下属)的性格开始吧。某位特定的下属的认知需求是高还是低呢? 赞美和严厉的指导,究竟哪种方式才能更有效地激发他的斗志,让他奋发向上呢? 上司必须首先对下属有所了解,才能在此基础上调整自己对下属的指导方式。只靠自己过去的经验,是不足以判断的。实践起来也许有点麻烦,但是首先了解对方(下属)的性格,是指导下属的过程中最为踏实有效的第一步。

批评(负面反馈)的 3 个条件

上司之所以要对下属进行反馈,往往是为了满足下属的认知需求。可是如果上司一味地反馈一些正面信息(表扬),而没有配合其他的具体行动,就会让下属陷入茫然不知所措之中。因此,适当地掺杂一些负面反馈(批评)是必要的。

例如,当有人没头没脑地批评你说"你真是没有时间观念"时,你会有什么反应? 大多数人应该会觉得很无辜吧,完全找不到头绪,不知道自己的问题究竟出在哪里,更不可能知道要怎么做才能有所改进。其实获得表扬的时候也是一样。如果有人突然夸奖你说:"你的创新能力很强啊。"你恐怕会很茫然地想,自己的创新能力之强究竟体现在哪些方面吧!更不用说了解如何让自己的长处更上一层楼了。

因此,上司在对下属进行反馈时,必须先保证以下3个条件。只要时刻注意这3点,就没必要担心不知如何"批评"下属了。

第一个条件:明确指出对方的具体行为。

第二个条件:培养者用第一人称阐述该具体行动造成的结果。

第三个条件:确保谈话中表达了培养者的期待。

我们首先说说第一个条件——指出对方的具体行为。前面提到的"你真是没有时间观念"这样的说法就是不够恰当的,要明确指出对方的具体行为才行。比如"你没有在截止时间之前提交关于某项工作的报告书",或是"在做某项工作时,由于你没有事先安排好工作步骤,在未充分准备的情况下着手工作,使得最后的交付时间大幅度超出了约定期限"等。这样一来,得到反馈的一方就能明确地知道自己的哪些具体行为是存在问题的(在受到夸奖时,也会明确知道自己的哪些行为获得了赞赏)。

接下来是第二个条件——谈话中使用第一人称。举个范例:"我觉得你没有严格遵守约定好的截止日期,会给负责后一项工序的同事带来很大的麻烦。"总之,上司必须尽量在谈话中使用第一人称。用"大家都这么说"或是"某某说"那样列举他人的评论是绝对不可取的。反馈这个行为是发生在上司和下属之间的,所以绝不能拿第三者当挡箭牌,逃避与下属间的直接交流。

最后,让我们来看看第三个条件——表达作为培养者的期待。这个条件的关键是,上司要让下属明确知道自己有哪些方面是需要改进的。在表达期待时,最好也尽可能地具体化。比如在前面举过的批评下属没有时间观念的例子中,就可以进一步这样说:"为了不出现延误的情况,我希望你能尽早把工作计划报告给我。"或是:"着手工作之前一定要先做好步骤安排,如果有什么问题,希望你能告诉我,让我来做决定。"这些都是比较恰当的表达方法。上司如果只知道说些"再加把劲儿"、"下次要注意"之类的话,将不利于下属把握改进的重点,反而会造成下属的迷茫,甚至导致下属重复相同的错误。

"及时"是最基本的要求——反馈的时机

某位著名导盲犬训练员曾在电视纪录片中提到,教练员在训练狗学习动作的过程中,把握表扬的时机是很关键的。

这位训练员并不在狗执行完指令之后表扬它,而选择狗将要开始行动的时候。训练员说,这样能让狗明白,自己将要采取的行动是正确的,并逐渐养成做这种动作的习惯。这位训练员还认为,如果希望强化狗的某个动作,及时地进行反馈是十分重要的,错过了时机,就无法达到预期的效果。

前日本花样游泳队教练井村雅代也曾指出:"批评时一定要抓'现行犯'。也就是说,必须当场直截了当地指出问题所在。翻来覆去说那几句老话是最没效果的。"

这两个事例都告诉我们,要让下属知道自身的哪些行为(原因)导致了自己被夸奖或是被批评(结果),明确两者间的因果关系。同时,上司也不能忘记叙述具体的理由,详细说明下属的行为为什么好(或者是不好)。尽可能具体地跟下属表达你的意思,比如:"你采取了某一种行为。根据某种判断基准,你的这种行为很好(不好),所以我现在表扬(批评)你。"这就是反馈的真谛。绝不能不说明任何理由就不分青红皂白地大发脾气。

当然,虽说反馈必须及时,但还是要考虑到时间和场合是否合适。

就算你是想帮助当事人成长,希望他能发奋努力,也不能当着别人的面批评对方,那样做只会伤害对方的自尊,反而产生打击积极性的反效果。总而言之,上司必须在坚持原则的基础上,灵活地调整具体的反馈策略。

田中角荣的人心掌控术

除了了解下属的性格之外,在日常交流中注意适时地关心一下下属的背景情况(家人、兴趣等),也是表达认可的方法之一。

日本前首相田中角荣就是一个很好的例子。他有效地运用这种方式满足下属的认知需求,从而巧妙地掌控了人心。当田中角荣还是大藏大臣①的时候,他不仅记得全部大藏省内高级官员的名字,就连他们的家庭构成、儿女的名字和年龄等也了若指掌。当在走廊里遇到某位官员的时候,田中角荣总能叫出对方的名字,聊一些关于对方家人的事情,表达自己对对方的重视。自己最大的上司对自己这么关心,每个人当然都会很高兴。就算田中角荣有时委托一些比较棘手的工作给他们,他们一般也都会欣然接受。

《史记》中有句名言:"士为知己者死。"当然,"死"这个不符合当今时代潮流的字眼在 21 世纪已经不太行得通了,但是,人们愿意为理解自己或是努力尝试理解自己的人倾尽全力,却是古往今来从未改变的。所以,要想培养下属,就必须根据每位下属的特点,"量身打造"培养方针。

---

① 即财务大臣,是主管日本财务省的国务大臣,是内阁中最重要的职位之一。大藏省时期称"大藏大臣",2001 年因日本省厅改革,大藏省改称财务省。

通过上文的叙述,大家可能已经发现了"洞察力"在有效地实践教练技术过程中的重要地位了吧?

无论是批评还是褒奖,上司首先都必须仔细观察下属,通过交流,了解下属在关注些什么,想在什么领域大展拳脚等。如果跳过这道程序简单地下结论,武断地认为"人只要受表扬就会成长"或是"非得严厉批评才能明白事理的人就算夸了也是白夸"等,是不可能有效实践教练技术的,这点希望大家能够铭记在心。

一位女员工的故事

——令我毕生难忘的部长

这件事情发生的时候，日本还处在被称为"战后"①的时期。在那个年代，社会舆论还不太支持女性出来学习工作、抛头露面。人们普遍认为，女性理所应当地要待在家里相夫教子。在这样的大环境下，由于当时离家不远的地方有家大型公司，每天上下班不用花费太多时间，我还是非常有幸地参加了工作。

我从事的是办公室的工作，那件事情就发生在我进入公司后的第 3 年。当时，我的好友，也是和我同期进公司的同事对我说："明年附近镇上的定时制②高中就要开了，我想去那儿上学。边工作边上学，收入不会变少，不用担心给家里添负担。而且学习本身就挺有趣的，学到的东西还能在工作上加以运用。"朋友的话里透着坚定，不知不觉间，我也被她打动了，萌生了上定时制高中的

---

① 特指第二次世界大战后。

② 在日本，指规定一年中最少出席的日数，以及利用夜间或农闲期学习等的教育制度。主要被非全日制高中、夜高中学校采用。

念头。

在当时那个年代,女性想要和男性一样通过学习深造获取更高的学历,从而为自己在公司里赢得一片天地,还不过是个美好的梦想。可是当我把自己的想法告诉父母时,他们虽然担心,却还是很为我高兴。父母担忧地问我:"公司会同意吗?"一边又鼓励我,"这可是件大好事,你可要努力准备,争取通过考试啊!"

拿到高中入学申请书的第二天,我和朋友一起去找了我们当时的部长,向他阐明了我们的想法:"我们想利用业余时间到那个高中学习深造,希望公司能够批准。"

部长不仅赞赏了我们强烈的学习欲望,还非常爽快地答应我们:"我会把你们的意愿切实地传达给人事部门的。"

那之后又过了几天,我和朋友被人事部门叫了过去,当然是为了读定时制高中的事。人事部门主要是想确认上学是否会影响到我们的工作。这时,我们发现了一个大问题:上学时间和下班时间有冲突。当时我们的工作时间是从早上9点到下午5点。而从公司到隔壁镇上的那所学校坐最快的公交车中途得转车。很显然,如果等到下午5点下班再去学校,就算用最快的方式,也无法赶上上课时间。为了不迟到,我们必须在下午4点一过就结束工作,出发去学校。

公司当时也作了多番探讨,但因为不能给我们两个人特殊待遇让我们早点结束工作,最终还是没有同意我们的入学申请。

当初我虽然是因为朋友的邀请才有了上学的念头,但是不知不觉间,我也开始非常期待在定时制高中的学习生活,所以公司的这个决定让我非常失望。不用说,朋友肯定比我还要失落吧。失望归失望,我们也很理解公司的难处,毕竟不能单独给我们两个人特殊待遇吧。我们也只好鼓励彼此,重新打起精神好好工作。

到了第二天,出乎我们意料的事情发生了。部长知道了公司的决定后,竟然挺身而出,替我们向公司求情。

他带着我俩到人事部长面前,要求人事部再一次说明不批准我们上学的理由。

我记得他们两人间好像有过这样的对话。

"只是因为时间吗?"部长问。

人事部长缓缓地点了点头。

"为什么不能让她们早一个小时下班呢?"

经过一番交谈,最后,部长对人事部长说:"我明白了。既然这样,我和她们一起,早一个小时上班,我负责监督这两位下属,我和她们同一个时间到公司。这样,能不能批准她们上学呢?"

我至今还记得当时自己的心情真是五味杂陈。因为部长为了帮我们,向人事部长低头求情,让我心里觉得十分愧疚。同时,我也在心里暗暗做了决定,如果真有上学的机会,不仅要好好学习,还要比以前更加努力地工作。而站在我身边的朋友,早已感动得流下了泪水。

翌日,公司的许可下来了。从高中入学考试当天以及考试合格后,我们在部长的监督下把上班和下班时间都提前一个小时。

由于机会难得,部长干脆在部门内宣布说:"想要上定时制高中的人请举手。"于是,除了我们以外,又有 4 名初中毕业的女员工提交了入学申请。

为此,部长非常欣喜地说:"咱们公司的女员工学习热情真高啊。"

几年以后,我们几个人都顺利地从高中毕业了,甚至成了负责指导别人的管理者。在此期间,我也曾经多次因为体验到培养人才的不易而感到气馁。每当这个时候,只要想起当年支持我们上高中的部长,我就又有了动力。我的努力,大概是为了报答当年在我们还是新人时支持我们的部长吧。

现在,我已经离开了公司,但是部长当年的恩情我至今仍难以忘怀,心中常怀感激。

复习教练技术的最基本原理

在第一章里,我们通过 3 个事例探讨了上司与下属应该如何通过教练技术(coaching)与彼此相处。那么最后,让我们一起来学习一下教练技术的基础知识吧。

近年来,"教练技术培训"备受瞩目,社会上出现了许多这方面的书和培训班。然而正是因为教练技术的社会认知度之高,让我们在理解它的过程中产生了许多误区。

比如,平时工作中我们常遇到一些管理层人员提出这样的反驳:"教练技术虽然在一些特定的时间和情况下有效果,但如果要把它普遍推广到日常工作中,却只会让那种狂妄无礼又没有真才实学的人越来越自以为是。"

你肯定有过这样的疑问,所谓的教练技术是不是就等同于对员工的纵容和娇惯呢? 的确,它似乎不同于毫无理由的严格指导。那么对员工的纵容和娇惯与教练技术之间究竟又有什么不同呢? 就请你带着这些疑问继续读下去吧。

为什么教练技术没有效果？

教练技术在职场中已然成为一个相当普遍的词汇。甚至应该
有不少人已经通过阅读或是在培训班的学习,逐渐把它运用到实
际的工作之中了。由于教练技术是依据心理学衍生出的指导方
法,所以确实有不少人通过在实践中运用教练技术,切身体验到了
诸如"和下属的交流变得顺畅了,下属的能力也有所提高"等实际
成果。

然而与此同时,仍有不少人因为那么一步之差,至今都没有获
得明显的成果,有些甚至反而让上下级关系变得更加紧张。

切不可以为"只要这么说,他就肯为我干活了吧"

为什么有些人在实践教练技术时会失败呢？我们经常会在书
本或是培训班里得到这样的答案:因为你在实践教练技术时没有
以"被培养者"为本,而是优先考虑了"培养者"的利益。所以,只要
你还抱着"只要这么说,他就肯为我干活了吧"这种以自我为中心
的想法,就不要指望能够成功实践真正意义上的教练技术。对教练
技术而言,没有什么比"衷心期盼对方的成长"这种心情更重要
的了。只考虑培养者的利益,完全不体谅对方,就不能称之为教练
技术。教练技术的目标不在于解决眼前一时的问题,它更重视的

是如何让被培养者的能力得到长期的提高。

"以被培养者为本进行指导"这话说得轻巧,但要真正克制自己的内心,达到这样的目标,却是实践中最困难的一件事。能够做到这点的人,不必读什么书就能够"培养人才"了,无须一一学习具体的技巧,也可以成功地运用教练技术。当然,要达到这样的境界是极其困难的。所以,我们可以先从形式入手,在这个基础上进一步学习它的本质。

获得成长的不只是下属

在学习教练技术的本质之前,我们必须先理解一个道理。那就是,教练技术从结果上来看让下属获得了成长,但是实际上,它也是上司自我成长的绝佳途径。

在实践教练技术的过程中,如果对方获得成长,那么培养者自身也能从中获得充实感,感悟到工作的价值以及生活的意义。俗话说得好:"与人方便,自己方便。"这对实践教练技术也是同样适用的。如果大多数培养者能够意识到这一点,那么职场的气象将会焕然一新,每次实践激励法的质量将不断得到提高。上司自己将在实践教练技术的过程中不断成长,整个团队也将不断被注入活力。

你知道"领导"和教练技术的区别吗?

现在,让我们来鉴定一下什么是教练技术吧。对于教练技术的定义很多。例如:

● 让被培养者而非培养者"容易理解"的指导方法。

● 能够激发对方意愿的指导技巧。

● 在实践中不断思考"怎么做才能获得被培养者的理解"。

● 协助被培养者达成目标的相关行为。

以上每一条定义都抓住了教练技术的关键。它们的异曲同工之处是,都强调"以被培养者为本"的原则,强调"不是指导,而是协助和支持",也就是说最终能够"激发对方意愿"。

那么,教练技术和那种基于 OJT 计划书①的彻头彻尾的指导以及过去的管理方式,又有着哪些不同呢? 它们之间不变的相通之处又在哪里?

所谓教练技术,并不是由上司或老员工打头阵,带领(或领导)下属和新员工前进,而是在后方为下属和新员工提供协助和支持。如果说被培养者是朝着终点奔跑的赛跑运动员,那么培养者就扮

---

① On the Job Training 的缩写,即在职训练。

演着"陪跑人"的角色。而这种陪跑人的角色就和过去的"指导"大
不相同(表 1-1)。

表1-1　传统的指导法与教练技术的比较

	传统的指导法	教练技术
交流	指示、命令	倾听、提问
目的	传授解决方法	引导下属思考解决方法
解决方法的所在	在上司那里	在下属本人的心里
培养出的人才类型(下属)	根据指示采取行动的人	自主思考和行动的人
培养理念	追求短期成果而进行的培养	重视长期的成果,同时也重视培养的过程

那么,为什么实践教练技术时要贯彻协助和支持的宗旨,而不
采取领导的方式呢?

这基于以下的假定:比起领导员工,为其提供协助和支持能更
大限度地激发被培养者的潜能和工作意愿。若一味采取领导的方
式,即使达成了眼下的目标,也无法确定被培养者的实践能力是否
得到了加强。甚至可以断言,除了一部分能力较强的被培养者之
外,大多数人有可能完全得不到成长。

在生活中,我们经常可以看到这样的母子。母亲总是为儿子
做好了下一步的打算,给他铺路搭桥,而儿子则越来越依赖母亲。
母子关系虽不同于职场中的关系,却同样是培养者和被培养者关

系。采取"领导"的方式时，走错一步就有可能给对方实践能力的成长带来负面影响。

另外，如果采取提供支持和协助的方式，被培养者便成为整个行动的主体，所以即使目标无法达成，被培养者也能从中领悟到自己今后需要解决的问题，把握住实践时的关键点。

正如"授之以鱼，不如授之以渔"这一中国典故所讲述的道理一样，教练技术的最高目标就在于使被培养者的能力在未来一段较长的时间内不断提升，它是培养实践能力时所必备的思维和行为方式。

当然，我们还剩下一个最大的难题，应该如何为员工提供协助与支持呢？培养者袖手旁观，并不能称为协助和支持。有人认为，成功实践教练技术的关键——为员工提供协助与支持，实际上是难度比过去的 OJT 等旧管理模式更高的管理模式。

当"我们部门的年轻员工不知道答案"时

教练技术强调让被培养者凭借自己的力量寻找解决问题的方法，而不是由培养者直接传授，因而也可称为"不告诉答案的指导"。这样，很容易引来"不告诉答案的指导是真正的指导吗"这样的疑问。但是教练技术独到之处恰恰就在于，它认为，直接把解决方法告诉员工并不是解决问题的最佳方案。这是为什么呢？让我们一起从下文中寻找答案吧。

　　教练技术的前提是：员工自身掌握着"自己应该采取什么行动"这个问题的答案，只是有待发掘。由于被培养者事实上已然有了答案，所以如果培养者急切地将解决方法告诉对方，虽然可以较早地解决问题，却难免失去更多的好处。教练技术就是为了避免这种情况而产生的"解决办法"。

　　说到这儿，也有些人可能会有另外一个疑虑。

　　"我承认，情况是因人而异的，但是认为被培养者原本就掌握了答案这种观点还是有点令人费解，如果真是这样，我们这些上司就不用这么辛苦了。至少我可以断言，我们部门的年轻员工就不知道答案。"

　　以上是几位参加教练技术研讨会的成员提出过的反对意见。

　　对于"被培养者掌握着解决问题的答案"这个观点，有些人虽然在理论上能够理解，但一旦牵扯到自己所处的职场中的下属或者年轻人时，就难以接受。

　　面对这种情况，我们这些咨询师一般会尽量避免简单地回答："没这回事。"

　　一方面是因为，我们毕竟不是当事人，这样断言并不恰当；另一方面是因为必须考虑另一个很现实的因素——下属的能力也有高低之分，对教练技术的适应程度自然也会有所不同。一些有能力的下属因为上司"不告诉答案"而不断得到成长;相反的,一些能力有所欠缺的下属反而因为"不告诉答案"落得个"由于上司不告诉答案而一无所成"的悲惨下场。

因此,上司在实践教练技术时必须以对象的具体水平为准,必要时,还要花点小心思作些变通,以使被培养者自主地寻找问题的答案,并在实践的过程中积累经验,提高寻求答案的能力,获得成长。这是上司培养下属时必须遵循的不变定律。

接下来,就让我们来学习一下具体的方法。

既然在实践教练技术的过程中必须坚持"不告诉答案"的原则,那么上司应该采取怎样的方式与被培养者交流呢?让我们来了解一下吧。

不能告诉答案,就"说明情况"吧

"说明情况"是教练技术的基本技巧之一。在教练技术的实践中,简单地指示"你去做那个,你去干这个"是不可取的。上司必须为下属详细说明下属目前所面临的状况,并表达自己对下属的期待。比如可以这样说:"你目前所面临的是这样这样一种状况,我期待你改变这种状况。"从而有效地激发被培养者的主体意识、积极性以及创新能力。

什么是"指令"呢?比如上司对下属说:"你负责准备一下明天

会议上要用的资料。要 10 份。记住打印之前再检查一遍有没有错字漏字。"这就是"指令"。指令是人发出的(这种情况下是由培养者发出的),被培养者必须遵从培养者的命令。可想而知,被培养者会依据培养者发出的指令展开行动。

那么"说明情况"又是什么呢?

"明天 11 点要召开每月一次的董事会议。这次会议的内容是按顺序讨论这张列表上的议题。与会人员 10 名。如果会议不能按预期的节奏进行,将不可能完成列表上全部议题的讨论。会前准备就交给你负责了。"

听完这样的情况说明,下属就能大致把握自己"需要做什么,为什么要这么做"。让下属了解工作背后的目的,而不是单纯地听从指令,不仅有助于下属体会到工作的价值,提高工作中的主体意识,同时也提高了工作本身出现创新性突破的可能性。

"10 位与会人员,我明白了。社外董事可能也会来参加会议,所以我会多准备两份备用文件。另外,我会分别整理出每个议题的参考资料以便参照。检查错别字的同时,我会把结论部分框出来。这些全部完成后,我会在打印前再请你确认一次,今天之内把文件交给你。"

详细说明情况当然要比简单地给出指令更费工夫。但是只要上司是真心为下属考虑的，自然就不会觉得花这点心思有多么困难。更何况，这样做还可能会抛砖引玉，得到下属给你带来的意外惊喜哦。

不能告诉答案，就"提问"吧

教练技术基本技巧中的第二项技巧是"提问技巧"。顾名思义，所谓的"提问技巧"就是通过向下属提一些有实质意义的问题，促使下属发现问题。

具体来说，你可以问下属："你为什么觉得这是最佳方法呢？"从而得知下属自身的意图和观点。你也可以问："这样的做法对我们来说的确是最轻松的，但是会不会让别的部门很为难呢？"以提醒下属从原本忽略的角度重新考虑问题。

提问也分为两种。一种是培养者有自己的见解或是已经掌握了问题的答案，但是仍然采取提问的形式引导被培养者；另一种是培养者自身也无法作决策，又或是培养者对于"被培养者为什么这么觉得"具有浓厚的兴趣，所以向对方提问。无论是哪种情况，培养者都必须非常注意倾听被培养者的意见，而不是简单地把自己掌握的答案告诉对方，在这点上，两种提问是相通的。培养者的这种态度对于实践教练技术至关重要，在促使被培养者发现问题方面也有着巨大的影响。

接下来,我们要问正在阅读本书的你几个问题。

"目前为止共事过的上司中,你最尊敬的是哪一位? 为什么?"

看过这个问题,大家现在是什么反应呢? 是不是已经在脑海里列出了曾经接触过的上司的名单,并思索着他们每个人的优点和缺点以及其他呢? 说不定,还会回想起上司赢得你尊敬的具体事件吧。总之,这一句提问让你的思维围绕着"尊敬的上司"这一主题开始了运转。

前文中我们说过实践教练技术相当于充当陪跑者,而提问这一行为正是陪跑者最重要的职责之一。尚未成熟的被培养者在没有别人支援的情况下很难自己领悟出问题的答案,而一个优秀的陪跑者总是善于提出中肯的问题,引导被培养者思考,使他把精力集中到主题中去,从而找到解决问题的答案。

和前文解说过的"情况说明"技巧一样,提问同样比简单地发出指令要费时间和心血。套用前文的例子,如果直接说:"这并不是最好的办法"或是"这么做会给营业部添麻烦",的确可以减少解决问题所需的时间。但是在这种时候,上司最重视的是下属获得成长。因此即使既费时间又费心力,培养者也必须忍耐,并全程守护被培养者,直到他自己领悟到答案。另外,如果你真的为被培养者着想,那么就能丢弃不耐烦的"这些家伙最近都在搞什么幺蛾子"的想法,转而带着纯粹的兴趣思考"他是怎么想到这些的"。有了兴趣,就能够理解对方言行背后的原因,就能提高通过交流得到妥善的解决方案的概率。

我曾经在一本书里看到过这么一句话:"将来的上司必须有发现有趣之处的能力。"发现有趣之处,意味着上司不再用自己单一的价值观来评价一切事物。即使自己的部门里调来了一个既不懂顾客优先原则又不懂礼节的新人,也不会发怒埋怨:"公司的人事部都是怎么教新人的?"而会冷静思考:"这个新人究竟是真的连礼节都不懂,还是对礼节有抵触情绪呢? 或许本人根本没意识到这些问题,但是他为什么没有意识到呢?"这就是所谓的发现有趣之处。发现了有趣之处,就会产生兴趣,想问的问题(提问)就会自然而然地浮现在脑海中。

不能告诉答案,就"倾听"吧

教练技术基本技巧的第三个技巧就是"倾听(积极的倾听)"。所谓"倾听",就是不带任何主观情绪仔细地听取对方的观点和意见。

很多人可能会误认为倾听很简单,但是实际上,"倾听"却是件很难做到的事情。在聆听别人的意见时,人们总是忍不住带入自己的观点,甚至以此批评或否定对方。倾听的关键就在于控制自己介入对方意见的冲动。

美国心理学家卡尔·罗杰斯提倡在为别人做心理咨询时，采取积极倾听的方法。教练技术中的倾听法，正是以此为理论基础的。

积极倾听有以下几项特征：

1. 抛弃批判性以及劝告性的态度；

2. 听取对方话中的全部意思；

3. 使用反馈技巧；

4. 注意除语言之外的表达方式；

5. 避免情绪激动。

第一条"抛弃批判性以及劝告性的态度"，就是要求我们对对方所说的话不存偏见，并努力尝试接纳对方的意见。如果培养者的心态是："我来教你，我要纠正你的错误"，就很可能会忍不住在倾听的过程中时不时来一句批评，时不时又来一句忠告。在倾听时，切忌带有这样的态度。

第二条"听取对方话中的全部意思"，要求我们准确地把握对方话中所提及的事实以及情感这两个方面。把握事实就是不带主观意见地准确理解对方所叙述的事情，而把握情感则需要我们理解对方潜藏在话语背后的真正意图。

第三条"使用反馈技巧"，是指在反馈时归纳对方说过的话，让对方觉得自己"目前所说的都被接纳了",从而能够更冷静地说出心声。点头、附和等也是反馈技巧之一。

第四条"注意除语言之外的表达方式",指要注意观察对方说话声音的大小、声调、表情以及身体动作等。

最后一条"避免情绪激动",要求我们即使因为对话产生了越来越气愤等情绪,也必须妥善控制自己,不让对方觉察到自己正在生气。深吸一口气,或是质问自己"为什么生气"等,都是可行的方法。

通过实践积极"倾听"技巧,能够开发被培养者的主体意识。大家请看繁体的"聽"字,10 只耳朵全部用来倾听对方的心,就组成了这个字。

为什么培养者也能获得成长?

以上就是教练技术最基本的原理。把握住这些基本要领再去实践教练技术,可以促进培养者与被培养者间的彼此交流。通过使用"情况说明"、"提问"以及"倾听"这三大技巧,被培养者本身拥有的能力便能够发挥到极致。最终,培养者自身也能从和被培养者的交流中获取有价值的信息,为培养者的成长创造契机。

实践教练技术,还能促进职场的公开透明化。在这样的组织中,培养者和被培养者都能更加积极乐观地投身于工作之中。

到了这儿,你是不是已经理解了本章开头所说的"激励"与"纵容"的区别了呢? 心里为下属着想,思索各种各样的指导方法,就是"激励";对下属所犯的错误视而不见,则是"纵容"。跟纵容不同的是,激励需要花心思,要使用很多技巧和方法,要费很多的精力和心血,因此,培养者自身也能在这个过程中得到成长。

モ ヤ モ ヤ

第 02 章

解密上司也头痛的评价体系

職場

"其实这个评价有深层次的含义,为什么这么说呢……"

别啰唆了,快点上结果!

——成长的课题和期中笔记

(自以为)干得不错的上司的说辞

"评价的目的？那不是很明显吗！当然是为了帮助下属成长了,除此之外还能是为了什么啊？为下属的成长提供支持,是上司的职责所在嘛。"

"尽可能具体地指出下属的优点以及应该改善的部分,是帮助下属成长的要点。暧昧抽象的话只会导致下属的不安情绪。"

"不是有个词叫'说明责任'吗？它可是关键哦。上司必须负起对下属说清楚评价结果的责任。虽然有不少上司在进行评价时想到哪里就做到哪里，但我可是提前一周就开始做准备了。事前准备是否充分可是很关键的。"

"让下属以上司为榜样，在学习模仿上司的过程中获得成长的模式早就过时了。很不幸的是，到现在仍有不少管理者无法彻底抛弃这种模式。他们应该早点意识到这点！如果把这些管理者交给我的话，我倒是可以考虑负责培训他们。"

"最近我的下属进步非常惊人。最近的年轻人，只要真心认可他们，就进步得很快呢。作为上司，没什么比下属的成长更让我高兴的了。最近我非常享受和下属们一起工作，甚至要反过来感谢下属们愿意和我共事呢！"

"苦于给员工作评价的人，都还不能算是合格的管理者。"

听起来，这位管理者似乎已经把握住了评价的本质。

负起说明责任，并为此做好事前准备等，都是在进行评价中十分必要的要素。

然而在现实中，这些要素似乎并没有在下属身上发挥出预期的效果。

下属 D 的烦恼

"关于你这个年度的评价,我们先来整理一下得出评价结果的前提吧。主要有三大要点,第一个是……"

"课长又开始演讲了。"小 D 心想。上司每次宣布评价结果之前都会长篇大论地解释一番,小 D 真希望他能少啰唆几句,早点说结果。在小 D 听来,上司的解释全部都像是在瞎扯,尤其是当小 D 得到的评价很低时,这种想法就更强烈了。虽说上司的见解十分透彻,但在告知评价结果前长篇大论的解释,让他觉得上司是不是在消磨他的耐心,以打消他反驳的念头。

小 D 也曾尝试过让自己不被上司的气势压倒,几次试图说出自己的意见,但上司仍旧自顾自地长篇大论,没有给小 D 一点儿发言的机会,像是完全不注重小 D 的心情。跟渐入佳境的上司相反,小 D 彻底丧失了兴趣。上司所谓的"其实这个评价结果有更深层次的含义"在小 D 看来都是瞎扯,他甚至觉得,上司根本就是随便说说的。

上司的意图是很难传达给下属的。

满怀"善意"做一件事,事情却在不知不觉中向着不太好的方向发展,实在是很可惜的一件事。所以无论你是上司还是下属,都来学习一下应该做些什么来改善各自不太理想的状态吧。

致下属

——只知道评价结果就够了吗？

人事评价决定着一个商务人士的职场浮沉。当上司告知的评价结果无法让你信服时，即使上司再三解释"其中有很深的含义"，你也肯定是听不进去的，甚至会觉得上司"反正是在找借口掩饰自己，其实是随意搞搞的吧"。的确，下属在得知评价结果之后很难静下心来倾听上司冗长的说明，特别是当这些长篇大论听起来像是在找借口时。

但是假如上司只是简单地告诉你："你得到的是差评，理由不能告诉你。我说完了。"那么很明显，你也不会认同他告知的评价结果。

你是否想过自己为什么不愿意听上司解释。你是不是觉得，只要知道评价结果就够了？

评价是为了你的成长

确实，如果评价这种东西只是用来决定下个年度的待遇（薪水和晋升与否)而存在的话,那么只要知道结果就足够了,知道评价结果后机械地套入数据就行。这就是一般的处理模式。

但是评价难道真的只是为了决定待遇而存在的吗? 当然不是。

评价最大的目的是"你自身的成长"。评价的目的是评价者针对被评价者的工作状态提出建议,帮助被评价者获得成长。

也就是说,那些评价里蕴藏着许许多多能够帮助你成长的绝佳线索。想找到这些线索吗? 那么不妨认真地倾听一下上司的说明吧。

上司在尝试给你出新的成长课题

拿学习来举例吧。假设你为了这次的考试做了非常积极的准备,结果考完了,试卷发下来,上面竟然只有分数,没有标明哪道题错哪道题对。这时你会怎么想呢?

如果你考了满分,事情自然另当别论,但如果不是呢? 你完全不知道自己究竟做对了哪些,又做错了哪些,当然就无法把握自己的优点和缺点,也没法为下次考试吸取教训了。

工作也一样。简单的一句"你的评价结果是 C",不可能帮你明确今后应该怎样改善工作。而上司为你解释得出评价结果的原因,其实就是为了帮你在下个年度中改善工作状态,并有所成长。

上司在执行着他身为培养者和评价者的双重职责。

身为下属,你应该对上司这种尽责的态度有所回应,只听不想也不拿出行动,是不可取的。上司也是普通人,不可能完全掌握你的工作状态,有所疏漏或是无法准确理解也是情有可原的。所以,你也应该主动地思考自己的工作表现,甚至可以跟上司说说你对自己的评价。所谓评价并不是由上司一人完成的,下属也应当积极参与到这个过程中,和上司共同探讨,得出结论。

人事评价是上司为了帮助下属成长而进行的反馈。所以,为了更大限度地发挥它的作用,下属必须主动参与评价,而不能完全交给上司判断。

看来,关键在于利用评价结果和其背后的原因帮助自己获得成长。

而另一方面,如果上司真心期待下属的成长,也有很多地方是需要改善的。

致上司

——给出评价要慎之又慎

身为上司的你不应该简单地告知下属评价的结果,还必须向他们说明为什么会得出这种结果,这样做非常有利于下属的成长。希望各位上司今后也能坚持为下属说明原因。

另外还有一点必须明确的是,评价不能在评价面谈前临时进行。接下来,我们将给上司们一些建议,帮助各位上司完善评价体系,让评价发挥出更大的效果。

中期必做功课——记笔记

为了使评价结果得到下属的认可,上司必须从年度(或规定的评价周期)的中期就开始做准备。从年度开始一直到中期,都必须时刻注意下属是否有什么特别的行动,无论这种行动是积极的还是消极的,都应该认真记录下来,并且每次都及时给下属作出反馈。记录行动和及时反馈的不断累积,就成了下属对年度末的人事评价认可的基础,这甚至能为下属对上司的信任感打下坚实的基础。

　　事实上根据我们以客户为对象进行的意向调查结果,回答"上司一直在关注着我们的工作状况""我信任我们的上司"的人,往往对评价制度的满意度比较高,对评价结果也表现出比较认可的态度。从这个事实中,我们可以明确地感受到日常工作中实践教练技术(详细请参照第一章)的重要性。

　　如果上司到年末才仓促准备评价,就太晚了,评价结果会变成上司仅仅依靠模糊的记忆所得出的印象评价,自然不可能被下属认同。

　　说句题外话,一次我在为某企业的员工们解释记笔记的重要性时,曾经听到该公司的员工说:"跟阎王的生死簿一样,真恐怖。"但是上司的笔记当然跟阎王的生死簿不同。生死簿是"记录人们生前所犯罪恶的册子",而在上司的笔记中不仅要记下下属需要改善的部分,也要记下值得赞赏的部分,以及评价者对自己当时采取的应对方式的反省。

　　毫无疑问,这样做笔记肯定会花费你更多的时间和精力,但如果你把评价作为培养下属,而非只用来决定下属待遇的工具的话,就把这作为是上司对下属的一点关怀吧。

评价面谈前必做功课——慎重选择时间和地点

在面谈中将评价结果反馈给下属前,上司必须做好充分的准备。首先,得整理好前文提到的记录下属表现的笔记本,这既是评价结果的具体组成内容,又是得出结论的可靠依据。至于是用口头形式还是书面形式告知下属,则须视情况而定。做好万全准备之后,就只差安排和下属面谈的日期了。

这里需要非常注意的是,切不可随便敷衍地临时抽时间进行面谈。

如果你对下属说:"反正现在有时间,干脆就现在谈一下吧。"那么下属会觉得面谈并不重要,不会重视。你是否已经事先定好了一个自己和下属都有空的时间? 安排的场地是否安静,会不会被其他工作中的同事干扰? 注意这些看上去琐碎的小细节,能让下属感受到你是专程为他空出时间的,从而提高对面谈的重视度。

评价面谈中必做功课——谈谈未来

评价面谈一开始,上司就可以对评价结果以及依据进行说明,但切忌一味单方面地滔滔不绝,要给下属提出自己意见的机会。因为评价并不是由上司一人完成的,上司和下属必须通过彼此间的交流,明确双方面临的课题以及对彼此的期待。

当然,上司也没有必要处处迎合下属,必须确保上司和下属间无法达成共识的问题以及期待都能明确地传达给彼此。当上司和下属间意见相左时,记录着下属表现的笔记本就成了重要依据。上司在进行评价时不能掺杂主观情绪,实事求是地进行反馈是避免双方意见冲突的有效方法。

另外,就像前面提到的,评价的最终目的是培养下属。所以评价面谈中上司阐述评价结论和依据,统一双方的意见,整理一下之前发生的事情固然重要,却不是唯一的目的。同时,上司和下属还必须通过面谈时的探讨决定下一年度应该如何展开工作,如何改善工作状态。这是实现评价最终目的的必经阶段。

巧妙传达负面评价的诀窍

对上司来说,在评价面谈中最费心劳神的就是如何想办法向下属传达负面评价了吧。同样是传达负面评价,有些上司会遭到下属激烈的反驳,有些却能激励下属奋发向上。究竟两者在传达时有些什么区别?为什么会造成如此截然相反的两种局面呢?

要知道,评价毕竟是由人对人进行的,要做到百分之百的公平公正本来就是非常困难的事情。对上司来说,尽可能公平地作评价固然重要,但更重要的是"获得下属的认可"。也就是说,即便没有做到完完全全的公平公正,只要下属认同了评价结果,并且了解了自己在下一年要面对的课题,最终获得成长,评价的目的就得到了实现。

那么,怎样才能让下属认可评价结果呢?首先,评价者必须向接受评价的员工传达"得出评价结果所花费的时间和精力",请他们谅解自己进行评价的不易。这听起来可能有点像是在玩弄专业技巧,然而事实上,这种态度对评价者是十分必要的。评价者必须掌握"如何影响接受评价的员工们的心理",让他们觉得"花了这么多时间和精力得出的评价结果,必须得认可才行"。因为受评价者会根据评价者在评价结果上花费的时间和精力,判断"认可"还是"不认可"评价结果,而且他们的判断甚至可能与评价的内容完全无关。

相反,如果评价者心里想着"我这么忙,评价这种东西随便做做就行了",用非常敷衍的态度传达评价结果,怎么可能被下属们认可呢?

如前文所述,上司的管理必须有计划性,必须记得从年度中期就开始收集评价的依据,并通过整理这些依据,得出评价结果。如果离评价面谈只剩几天时你才仓促准备,想靠那么一点时间和精力被下属认可,当然是不可能的。上司们必须铭记的是,不能到了年度末才着手进行评价。在这一年度初期,你就应该开始准备了。

别让你为评价所做的努力变成一厢情愿

如果作为上司的你已经为评价做了充分的准备,然而仅仅如此还是远远不够的。上司也是人,不可能完全掌握下属的全部行动,即便是完全掌握了,也很难理解这些行动背后的意图。因此,无论你准备得多么周到,对自己的评价结果多么有信心,也必须时刻思考你是否真正理解下属这些行动背后的想法和意图。

这也是为什么在进行评价面谈时要尽量避免单方面地阐述自己的意见,而要倾听下属们的意见的原因。一旦发现自己当前掌握的事实信息有所不足或是曲解了下属的意图,上司必须要有勇气坦率地承认并改正。在前文写给下属的建议中也已经提到,评价是由上司和下属共同完成的。

最后,也是最重要的是,上司必须对评价的对象怀有诚意(尊重下属作为一个独立个体的尊严,并担负起帮助他们成长的责任)。有诚意,自然就会有行动,甚至自然会知道如何去改善行动。满怀诚意投入工作的评价者,即使是传达负面评价,也能强化与下属间的信赖关系。说到这里,不知道你是否已经理解,在进行评价的过程中怀着一颗帮助对方成长的心是最重要的呢?

接下来要为大家介绍的松下幸之助的"负面评价传达法"可以很好地让大家进一步理解这一关键。

松下幸之助式的"负面评价传达法"

松下幸之助曾经给犯下重大失误的干部发过谴责信,以敦促

其注意自己的过失。当时,松下先生说过这么一段话:

"我打算为你做过的事情发一封谴责信。如果你对此有什么不满的话,就不值得我花这番工夫在你身上,所以我也想过放弃。但是,如果你能真心觉得'原来如此,我明白了'的话,就会在今后的工作中自我反省,成长为非常优秀的人才,那我花这么多心血也算值得了。但如果你觉得'我真倒霉,居然被批评了,算了,反正没别的办法'的话,我虽然已经写好了信拿在手里,也不把它给你了。你怎么想?"

这位干部听完松下幸之助的这番话,就立刻回答说:"我希望你能把这封谴责信给我。"

松下的工作本来可以很简单,只要把负面的反馈意见告知这位干部就可以了。但是,松下幸之助并不认为将负面评价反馈给员工这件事本身有多么重要,他更重视的是员工是否做好了心理准备接受这些负面评价。因此,他才在发谴责信之前跟员工说了这番话。

员工将负面反馈作为逆耳的尖锐批评,还是作为成长的机会,完全取决于他是否信任作出评价的人。松下幸之助能够在简短的交流中获取对方的信赖,这并非一般人能做到的。所以对于普通人而言,还是应该重视日常工作中和下属的交流,让下属感觉到你期待他的成长,从而逐渐建立起信赖关系。

"目标要你自己定!"

就算我定了,最后还不是你说了算?

——微观管理和目标管理(MBO)

(自以为)干得不错的上司的说辞

"我管理下属的基本原则? 让下属自主思考应该做些什么,培养出能够抬头挺胸骄傲地说'我的成就有这些'的下属!"

"有些相关书籍里写着'上司和下属必须在年初就制定好目标'之类的,简直是愚蠢至极。面对前途难以捉摸的未来,怎么可能制定明确的目标呢?"

"与其把精力白白花在目标设定之类的事情上,还不如根据不同的状况随时发挥自己的智慧来完成工作,并由个人对成果负责。我们是专业人士,如果必须要别人制定好目标才能开展工作,证明我们还没有全身心地投入工作。目标什么的,应该自己边做边思考。"

"所以啊,在我的部门里,一般都是先由我来制定一个大概的方针,剩下的就全部交给下属们自己去思考。这样一来,就能培养出拥有自律精神的下属。"

"每到年末,我都会设法让下属们为自己这一年内的成果做一个总结演说。自从开始这个活动之后,下属们的眼神都变了。怎么说呢,感觉上好像比以前更积极进取了。"

"到了年末,确实有些下属的成果没有达到我的预期。这种情况下,我会很严厉地批评他们:'你们到底有没有作为专业人士的自觉和自尊啊!'"

如果下属的眼神真的发生了变化,更加积极进取地投入工作,那么这位上司的评价模式就能算得上是成功了吧。

不可否认,他的做法中确实有不少值得借鉴的地方。这些大概是上司从长年积累的经验中总结出的要领吧?

但是,如果这位上司继续这么过于自信的话,就有点……

下属 E 的烦恼

"唉，又要听部长莫名其妙的长篇大论了……"小 E 深深地叹了口气。今天召开的是一年一度的部门战略会议。每年年初，整个部门成员都会集中到总部会议室里，听部长讲今年一整年的部门战略部署。不过，说好听点是"部门战略会议"，实际上能听到的只有高度抽象的"方针"而已，跟经过缜密计算和思考制定出的战略有着天壤之别。简单来说，部长是要下属们以他的方针为依据，自己丰富内容，制定具体的战略。

"接下来我想说明一下今年的方针。本部门今年的方针就是：为了我公司能在业界确立地位，今年将是打基础的一年。公司考虑分 3 年完成在业界确立地位的目标。希望大家认真思考自己能做些什么来帮助公司在这一年里打好基础，并制定出具体的目标来。就像我一直跟大家说的，你们各位都是专业人才，希望大家在工作中时刻不要忘了这一点。"

小 E 曾有过一次惨痛的经历。去年，小 E 按照部长提出的方针，绞尽脑汁地制定了一个目标。就在小 E 朝着这个目标奋斗了整整一年后,部长却以"你根本就没理解我的方针"为由,给了他一个比前一年更差的评价。一开始说让下属自己思考目标,最后却还不是翻脸不认账吗? 今年,小 E 又要按照这个暧昧不明的方针制定目标,他的苦恼还在持续着。

按照现状来看,似乎很难断言这位上司的管理模式一定是成功的。但是上司的观点好像并没有什么不对,看上去他确实掌握了培养下属的要领。

可是,似乎还有什么地方不够。首先,让我们来看一看下属有什么不够的地方吧。

致下属

——上司的目的是避免微观管理模式的弊端

没有具体的战略和目标，只有一个抽象的方针，剩余的全部交由下属自己来决定。如此做法，当然会让身为下属的你觉得像是在盲人摸象吧。本来还有很多问题想继续问清楚的，却被上司扔下一句"你们是专业人才，自己想吧"，即使想提问也难免踌躇了吧。

但是另一方面，你也应该尽量去理解上司的意图。上司之所以会有意识地将权限移交给下属，是因为他们充分认识到了"微观管理模式"可能带来的弊端。微观管理模式，顾名思义，就是上司对下属的一举一动都事无巨细地进行管理、监督以及干涉的管理模式。这种模式没有为下属留下充分的自主性空间，它不仅会带给下属极大的压力，甚至会让下属变得只懂按照上司的指令开展工作，阻碍下属的自主思维，打击下属在工作中的主体意识，不利于培养高度自律的人才。

请想象你正在下象棋。当你跟对手正在对局时，教练突然在你身后一步一步地指点你该走哪个棋子，走到哪个位置，比如："接下来走车,放在这个位置上,听懂了吗? 不要弄错了。不对不对,那样不对。你究竟在听些什么啊!"这会让你怎么想?

下棋的时候如果身边不时有人发出这种指令,肯定会让你觉得压力很大吧。于是有些选手会觉得,与其自己做了决定之后被教练批评,还不如一开始就盲目听从教练的指示来得轻松,便渐渐地放弃了独立思考。

在这种情况下,下属成长的机会几乎接近于零,而且这样一来,工作本身就变得非常枯燥无趣了。可想而知,在这种事无巨细的指导下,下属即使获得了成功也不会感到太高兴。只有自己认真独立地思考,失败后不气馁地再接再厉地试错才行,而且试错的次数越多,就越能真正学到东西,获得成长。

你也许正对只会阐述抽象方针的上司十分不满吧? 但请不要忘记,至少你正处在一个有利于自己成长的环境中。

尝试主动沟通

当然,下属们也应该认真思考一下,怎么做才能改善上司不制定明确目标的现状。首先,我们可以自己去寻找上司在会议上的发言背后的意图。在部门战略会议上,部长为什么会提出"把这一年作为我公司在业界确定地位打基础的一年"的方针呢? 你所在公司是业界的领军者还是追随者? 有哪些竞争公司或是标杆企业? 与这些公司之间的竞争情况如何？另外,为了能让自己对方针中提及的"确立地位"以及"打基础"有更具体的理解,你必须参考公司当前的内外状况,思考一年之后公司能在业界占据一个什么样的位置。对于这些问题,我们可以掺杂一点自己的假设来进行回答。

这么一番自问自答之后,你就不会再怀有把问题全部丢给上司的态度了,对上司说"我不知道,请你告诉我吧"是上司最讨厌的。相信你会怀着自己独特的见解和假设直面上司,对上司说:"我对部长制定的方针是这样理解的。我希望在这一年里能做这样一些事情,跟部长你的想法有冲突吗?"

你采取主动交流的姿态,有助于上司从你的意见中获得启发,从而让双方的交流和探讨更有深度。赶紧抛弃目标该由上司来制定,且以制定目标为目的的交流也应该由上司来主导的陈旧观念,积极地去跟上司交流吧!

如果你不理解上司的观点,最好的办法就是直接问上司。

如果老是找借口说"他这么忙,还是别问这么细了吧"来逃避,这些借口就会渐渐侵蚀你的决心,甚至让你放弃主动交流。但是上司的薪水之所以比你高,就是因为他们有着必须回答下属疑问的职责。因此,你大可堂堂正正地提出疑问。

如若不然,你和上司之间的鸿沟将永远无法填平。

致上司

——试试德鲁克的办法吧

当前这个时代环境变化剧烈,难以预先制定出准确的目标。在这种大环境下,上司在评价下属的表现前先让下属自己解说他自己在工作中取得的最终成果,是最恰当的管理模式。这种做法对于培养具有自律精神的人才,有明显的效果。

在上一节中,我们已经多次强调过,评价并非只在年末的一段时间内进行,评价者们从年初就应该着手准备了。也许你觉得"与其在制定目标上浪费时间,还不如在工作中思考",但在当前这个变化剧烈的时代,预先制定目标仍然是有效果的。接下来我们就为大家解说一下目标管理及其作用。

"目标管理"(Management By Objectives, MBO)是管理学家彼得·德鲁克想出的管理方法,是一种主张"利用目标来激励人而非控制人的方法"(As a means of using goals to motivate people rather than to control them)。其实,在翻译这个词时省略了"Management By Objectives"后面的"and Self-control"。

所以,这种方法其实应该叫做"目标管理以及自我管理的管理模式"(Management By Objectives and Self-control)。这种管理模式的原则是,每位员工必须进行自我管理,与培养具有自主性下属的目标没有任何冲突。

MBO 培养的"独立思考的下属"

目标管理的原则是使上层组织的目标成为下层组织的目标,而下层组织的目标最终成为员工的个人目标(见图 2-1)。公司的目标逐渐向下渗透,最终成为个人目标,也就是说,公司目标和个人目标紧密联系。

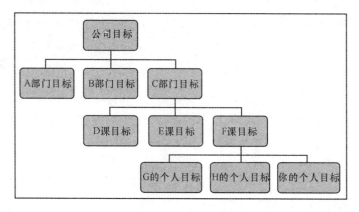

图 2-1　目标间的连锁关系

从目标结构的最底层来看,只要每个人达成了自己的个人目标,每个课的目标也就达成了,以此类推,部门、公司的目标也达成了。也就是说,每个人的个人目标和公司的业绩有着千丝万缕的联系。

上司为自己主管的组织制定目标,通过和直属部下的探讨,将这个目标渗透到下层组织甚至是个人中去。在这个过程中,上司必须巧妙运用教练技术,赋予下属独立思考的空间。因为,目标不应该是由上司单方面决定后告知下属,只有当下属也参与到目标的制定中时,才能培养下属的主体意识,使其成为具有独立思考能力和自律精神的人才。

上司只要脚踏实地按照上述步骤操作,就能培养出具有独立思考能力、主动参与制定上层目标的下属。另外,上司和下属间频繁的沟通交流有助于共享彼此认识到的问题,这能使上司在年度中期进一步为下属提供准确的指导和中肯的建议。

为什么必须要制定目标?

上司在为下属制定奋斗的目标之后,还必须制定具体的标准,以衡量目标是否达成。年初设定的目标达成标准有多具体,决定了年末人事评价的难易度。

在这个阶段,如果上司和下属之间对达成标准的认识有出入,年末进行评价时就很可能会出现一方认为目标已经达成,而另一方坚信目标尚未达成的局面,唇枪舌剑在所难免。尤其当上司认定的达成标准比下属的严格时,自然免不了被员工质疑上司的行为相当于在猜拳时晚出一样,埋怨上司做事不公平。

此外,为目标制定具体的达成标准,能够降低达成目标的难度,甚至能提高准确度。所以上司必须制定有效的达成标准。

别被"定量的达成标准"绑架

"目标达成标准必须是定量的标准",这一定向思维,是让人对事先制定目标产生消极情绪的原因之一。

的确,标准越明确就越便于人事评价的进行,但我们根本不必为了方便评价或是让标准更加明确这样的理由就非要制定定量的标准不可。勉强制定定量标准,会让人们忽略真正的目标,同时也让目标制定变得复杂。

以下是真实发生过的有关目标制定的案例。

某公司的秘书正在为制定本年度的达成标准而烦恼,因为上司的指示是:"不能定量就很难用来作人事评价的依据,尽量想想定量化的目标吧。"

秘书回答:"我每年的工作都一样,而且我根本没什么可以定量化的目标。"

"所以你得再想想啊,这可是你拿奖金的依据哦。"上司说。

于是秘书说:"能够定量化的目标就只有这个了。"便制定了这样的目标:"本年度要减少文件复印时出现的失误。如果复印出错页数比去年减少两成,就算达成目标。"

而心里只想着定量化的上司看完之后竟然说:"就这样吧。"立刻通过了这个目标。

减少复印失误只是在完成本职工作的过程中派生出的一个作业而已,通过这个目标根本没法全面把握秘书的本职工作。

话说回来,目标本来应该是指员工在最重要的工作中需要获取的成果才对,所以上文的目标并不恰当。"协助上司顺利开展工作"才是秘书的职责所在,因此案例中的秘书必须以是否有助于上司顺利展开工作的视角,重新评估所制定的目标。

但是,工作进展是否顺利是很难用数字来表达的。正因为如此,我们也必须学会制定定性化的目标。

定性标准使评价更顺利

衡量目标是否达成的标准大致可以分为"定量标准"和"定性标准"两种。定量标准是用金额或数量等数据表现的标准,而定性标准则是无法用数据表达的标准。定性标准还可以进一步细分为状态标准、交货标准、品质标准(见表2-1)。

表 2-1   目标制定中"定量标准"与"定性标准"的区别

	细分	判断依据
定量标准	数据标准	目标达成标准能否用数据表示？ （×元、×件、×%、节约×时间等）
定性标准	状态标准	能否定义目标达成的状态？ （能否独立应对顾客的咨询等）
	交货标准	能否定义成果？ （议案、指南书的制作策划等）
	品质标准	能否定义成果的品质？ （一份"把握住顾客需求的议案"等）

状态标准指的是目标达成的状态。比如在自我提高和培养下属时要求：能够独立完成以前在上司协助下才能完成的工作；在自己负责的业务领域中能给后来者提供经验等。

交货标准指的是具体提交的货物或成果。例如，销售人员提交给客户的议案，某个部门制作的某项业务操作指南等。

品质标准指的是上述提交货物或成果的质量。因为假如只采用交货标准，花费大量心血完成的成果和敷衍了事的成果获得的评价将会相同，只有在此基础上评估货物或成果的品质，才能让评价结果更加准确。从这层意义上来看，我们有必要将交货标准和品质标准看作不可分离的一组组合。例如制作议案书时，就必须满足以下 3 个目标：第一，准确把握顾客的需求；第二，比较本公司与竞争公司的产品，使本公司产品的优势得到充分体现；第三，最终获得顾客的好评。

进一步的，上司和下属还必须对条件一中提及的"把握顾客需求的议案"有什么特点，条件三中所说的"获得顾客好评"具体来说有哪些体现方式等重点问题尽可能具体地进行探讨，以便年度末的人事评价工作能够更加顺利地开展。

别让人跑没有终点的马拉松

前面已经为大家解释过定量标准和定性标准，其实在实际操作中，只采用其中一种标准是无法准确衡量的。即便已经使用了定量标准，也不能完全忽略品质。举销售的例子来说，销售员可能目前已经成功赢得了 10 位新客户，达成了定量标准，然而这 10 位客户是经常赊账不还的不良客户，还是信誉良好、有利于提升公司社会知名度的高品质客户，两种情况带来的影响是有天壤之别的。因此，评价时绝不能忽视客户的"品质"。因此我们在制定标准时应该尽量做到定性和定量标准相协调，不偏重其中任何一种标准，使两种标准达到互补的效果，从而制定出一个有效可行的目标。

什么叫做"不要让人跑没有终点的马拉松"呢？

只有明确的目标和确切的目标达成标准，才能激励人们鼓起勇气，下定决心跑完一段漫长的路程。目标就相当于马拉松的终点，意义非凡。上司首先决定大体的方向方针，下属根据方针制定具体的目标,再由上司和下属共同讨论这一目标是否恰当及其意义所在,最终得出一个双方都认同的结论。这样的一个过程能够激励下属更积极地参与到实现目标的工作中,并促进下属的成长。

在制定目标时,上司必须根据大的方针以及下属对该方针的熟悉程度,决定是要制定具体的达成标准,还是让达成标准保持一定的抽象性。这是上司在制定目标中最重要的工作。

"评价不是跟着规矩走的。"

是啊是啊，是跟着老大你的个人喜好走的嘛！

——两种说明责任

（自以为）干得不错的上司的说辞

"评价不是跟着公司的规矩走的。作为评价者的每位管理人员心里都必须有一个'雷打不动的评价标准'，这才是最重要的。"

"说白了，目标终究只是目标，不能认为达成了目标就万事大吉了。"

"就算你完成年度初期制定的目标，但如果花费大幅超出了预算或是在实现目标上花了太多时间之类的，评价当然会低。"

"说实在的,那些觉得达成了三四个目标就算完成了员工责任的下属,真让人无语。三四个目标只不过是工作中的一小部分而已,只关注这么一小部分的工作,却在别的业务上散漫敷衍的话,就不只是评价变低这么简单的问题了。"

"我的下属?我可是给他们都彻底地上过一课了。我的下属里现在已经不会有人认为达成了指标就能获得高评价,另外他们也已经认识到,目标是会随着工作的进展而不断发生变化的。"

"所以现在我这个部门的上下级交流非常活跃,大家都对当前的需求和目标的变化十分敏锐,那警醒程度比其他部门的员工高太多了。员工就是以这样的姿态投入工作才能不断成长嘛。"

这位上司的考虑确实挺有道理的。

目标管理中,像这样采取灵活的方式推进是不可或缺的。因此,这位上司所说的上司和下属之间的交流是关键。但不可否认的是,这种临机应变的灵活模式很容易招致下属的误解。

下属 F 的烦恼

员工 F 利用自己在销售部门积累的丰富经验,今年终于成功调到了销售支持部。职务调动后,新部门的上司即将第一次对 F 的表现进行评价。按公司的规定,上司对下属进行评价后,下属也要作自我评价,最后综合两种观点得出最终结果。到了新部门后,小 F 已经轻松完成了第一个目标,所以在评价面谈时他显得格外意气风发,一副志在必得的样子。

但是面谈一开始,上司就说了这么一番话:"喂,为什么你的自我评价是 A?"

"什么叫做为什么,有什么不对吗?"小 F 心想。他一时间有些不知所措,但还是努力让自己冷静了下来,回答上司说:"我制定的目标是策划新产品的营销资料,帮助公司的营销人员提高销售额并超过 3 亿日元,我完成了这个目标,而且销售额达到了 4 亿日元。目标达成度超过 130%,所以按规定我认为自己应该得 A。"

"规定、规定,如果全都按规定走,还要管理层干吗?"

这莫非就是前辈们告诉过我的"无视规矩只凭自己的独断独行的管理者"? 即使下属竭尽全力达成了目标,到了最后劳动成果还是被管理者的主观判断歪曲。F 刚调到这个部门的时候,非常不理解为什么部门的老员工都一副战战兢兢、畏首畏尾的样子,现在总算是明白了。

"但是目标就是目标啊,根据目标的达成与否来决定评价结果有什么错吗?"

"有什么证据能证明 4 亿日元是因为你制作的资料才达成的?依我看来,似乎负责销售的员工里很少有人认为你的资料对他们有用。你可能完全没有注意过这点吧? 说到底,如果不是因为你在资料制作上浪费了大量时间,怎么会连那么关键的、给销售人员说明资料的时间都没有呢?"

"没这回事。我到去年为止一直都在销售部,所以我本身非常理解销售人员对参考资料的迫切需求。另外我做的资料即便不解释,销售人员也能理解,这点我非常有信心。"

"算了。你的自我评价就当作参考吧,我给你的评价是 C。"

"怎么能这样……"

进行评价时的确需要视具体情况灵活应对,但如果下属认为你"独断独行又有偏见"的话,你的评价就没有成功。

上司当然不能完全跟着规定走,但是完全忽略规定,是很难让评价结果被下属认可的。

接下来,让我们给上司和下属一些建议,让大家了解如何平衡按规定办事和灵活应对之间的关系吧。

致下属

——想想上司为什么如此"武断"

长期负责销售的你或许早已习惯了有销售额指标作为明确的目标以及严格按照销售额进行人事评价,所以新上司的做法让你感受到了巨大的落差。你甚至有些愤慨地想:"年度初期制定的目标究竟是用来干什么的?这个人究竟懂不懂目标管理的本质啊!"

所以下面我们就来想一想为什么上司武断"就算达成目标也不能直接按这个进行评价"吧,并思考作为下属,今后我们又该注意些什么。

年度一开始就制定好目标,将会非常有利于工作的开展,想必上司应该也是认同这点的。问题是,这个目标是否可以直接拿来作为评价的标准?请看下面这个案例。

负责销售的你朝着年初制定的目标努力,并百分之百地完成了指标。不仅如此,你在获取客户订单的过程中还对客户企业进行详细的业界分析,并整理成报告。这份报告对于促进销售具有非常高的价值,连同一业界的其他销售人员也来借鉴这份报告。

你的这份报告为部门扩大营业额作出了极大的贡献,连部长都高度评价了这份报告。但在年初制定的目标中,却并没有整理报告这一项要求。

像这样在完成目标的过程中获得的衍生成果(比如在完成提高营业额这一目标的过程中整理的业界分析报告)并没有包含在最初目标中,那么应该如何体现在评价中呢?

大多数企业目前应用的评价体系是,以是否达成最初设定的目标为依据,评价员工的表现,并在薪酬奖金等奖励体系中体现评价的结果。这种情况下,一般会比较具体地用"达成度约为80%、100%、120%"之类的表达方式来反映目标的达成度。当然,当达成度为80%时会被认定为"未达成(×)",100%时是"达成(○)",而120%则是"超出预期(◎)",评价标准(规矩)十分机械。

在这种评价体系中,"其他衍生成果"并不会得到评价。为了避免这种失误,近年来评价体系在运行时渐渐有了一些变通,员工在目标达成过程中创造的价值越来越受到重视。这样做的另一个原因则是,近年来急剧变化的内外环境让人难以事先预测从年初到年末的一年(或是其他公司规定的周期)中会出现什么变数。

因此,管理者们必须在判断年初制定的标准是否达成的基础上,评估员工"在过程中是否创造了什么价值",以选择是在目标达成度的基础上加分还是减分。案例中小 F 的上司之所以给他那么低的评价,就是因为看到了小 F 在目标达成过程中的失误。虽然圆满达成了目标,但过程中的预算超支以及花费时间过长等问题都成了给评价减分的原因。

当然,也有相反的情况。比如对第一个事例中的小 A,"其他衍生成果"就能为他加分,提高他的评价。

综上所述,在评估员工是否达成目标的过程中必须遵循以下两个步骤。

步骤一:单纯根据目标达成度的多少来进行评价(暂评)。

步骤二:思考下属在目标达成过程中是否衍生了其他正面(或负面)结果,并在暂评结果中加上(或减去)衍生结果带来的分数。

被评价者的说明责任

如上所述,在当下,就算是评价一个目标达成度,评价也不能机械化地进行了。面对这种情况,作为被评价者的下属们应该如何应对呢? 接下来,我们就来思考一下这个问题。

有个专业用语叫做"评价的说明责任",指的是进行评价的一方应该负起的说明责任。但是最近,越来越多的企业开始明确地对"被评价者"也提出了负起说明责任的要求。这听起来好像是被评价方被动地在"被要求",但事实并非如此。被评价者通过履行说明责任,不仅能开发自身的潜能,还能更有效地协助上司完成工作。

近年来,评价者自身不参与实际业务的情况已经非常罕见了。拿体育比赛打比方,现在的上司都身兼领队和运动员两个角色。这样一来,上司们既要完成自己的业务,又要负责给多位下属作评价,几乎不可能有多余的时间和精力为评价收集所有必要的资料。因此,身为被评价者的下属提供的信息变得至关重要。例如前面例子里的小 F 就可以这样说明:

"首先,我向各部门的营销人员了解了情况,知道他们希望说明资料包含××,就特别注意这一条件,努力作出了符合要求的资料。另外,我一开始是打算召开说明会的,但是大家都反映说很难另外抽出时间,所以希望我在部门会议上进行说明就行。于是,我为安排此事又临时抽出了很多时间。在会议上,某个销售人员表示,希望用这种方式拿下 A 公司的案子。于是我协助他制作了提案。A 公司的案子还没有结果,但是我制成的议案为大家提供了一个可参考的模型,不仅得到了该部门内其他员工的认可,其他销售部门也评价说很好用。"

以上就是被评价者的"说明"。

这样一来,就为上司给出恰当的评价提供了充分的参考资料。

下属们必须记住,所谓的上司评价能力不足其实就等同于下属的信息提供(说明)不足。下属们必须学会完整地阐述自己的目标是什么,目前为止都做了些什么,又都有些什么成果,因此自我评价是什么。这就是被评价者需要负起的"说明责任"。

各位下属,你们明白了吗? 下属也有责任参与评价工作哦。

与其在背后嘀嘀咕咕抱怨上司,埋怨上司的评价能力低,不如负起下属的职责,尽力让上司的评价不发生偏差吧。

致上司

——让下属参与到评价过程中

在众多一板一眼按规矩办事的管理者中,勇于主张"评价不能跟着规矩走,要有自己的评判标准"的管理者的精神令人赞赏。下属的认同感来自于对管理者明确而坚定的评判标准的认可,而非管理者有多么严格地按规矩办事,所以"坚持自己独特的评价标准"的想法非常好。

但是为了进一步提高被评价者对评价者的认同感,你还有些必须注意的事项。

被评价者对评价结果有认同感的一个重要因素是,必须让被评价者参与到"评价的过程中"。让被评价者进行自我评价是提高认同感的一种途径,所以从这点来说,F上司的做法是合格的。问题是,上司是否给了被评价者充足的机会来仔细说明自我评价结论背后的原因,从而让他们有机会充分展示自己,以获得较高的评价。同样是C的评价,如果被评价者有足够的机会进行充分说明,就会觉得"我都说明得那么详细了,但上司还是认为我没有达成目标,那也没办法了。我果然有什么地方做得还不够吧",从而心服口服地接受上司的评价结果。

为了使下属更加积极地参与到评价过程中,上司必须让下属有机会进行自我评价,并详细解释自我评价得出的依据。下属的说明中可能会暴露出不少错误的观点和看法,只要通过交流,就有机会纠正这些错误。因此,让下属参与到评价的过程中,也是培养下属成长的方法之一。

注意评价时的态度

管理者在进行评价时必须留意的第二个要点是:注意评价时的态度。有些评价者因为害怕被下属反驳,在面谈中一开始就采取威慑的态度。殊不知,这样做其实只会起到相反的效果。

即使被评价的下属是个新人,评价者也必须将他作为一个具有独立人格的个人来尊重,绝不能以居高临下的态度面对对方。

只要上司衷心期待下属成长,即使传达的是负面的评价,也能从"帮助下属拓展能力"的角度向下属反馈自己的意见。

下面的对话是现实中真实发生过的最糟糕的评价反馈,只是把主角换成了"你"。

你在某企业的销售课供职,到了 3 月,你开始静不下心来,因为 3 月有决定年末评价的重要面谈。这是综合了"业绩评价"与

"能力评价"的一次综合评价,据说甚至会决定来年的基本工资。

但是自从一个星期前接到用邮件发来的进行自我评价的指令之后,你就再没有收到任何别的消息了。你每天都在焦急地等待着反馈,今天吗? 明天吗? ……却仍然没有任何通知。

3 月下旬的某一天,当你外勤结束后回到公司,一位同事告诉你说:"你的评价结果已经贴在桌子上了。"(见图 2-2)

给××:

　本年度的综合评价如下:

　评价结果为 C,基本工资与去年相同:244000 日元。

图 2-2　最糟糕的评价结果反馈方式

你急忙回到座位上,看到桌上赫然贴着一张颇大的便签,那上面居然真的写着你的综合评价结果。

你的综合评价结果是 C,没有加薪,基本工资和去年一样——244000 日元。

你惊讶得目瞪口呆:"怎么会有用这种方式反馈评价结果的呢! 而且同事竟然比本人先知道……"

以上这个案例中,上司完全没有让下属参与到评价活动中,也没有尊重对方,更没有履行评价者的说明责任,是典型的"三无",

这是最糟糕的反馈方式。

即使评价结果是合理的,这样的做法也会让被评价者在心里觉得无法接受。有些上司觉得评价结果越差就越难以开口告诉下属。然而越是差评,就越需要上司对评价结果进行详细的解释。另外,也必须让下属有机会为自己作辩护。通过让被评价者履行对评价结果的说明责任,可以帮助评价者收集评价所必需的资料,而相互之间的这种交流方式也有利于消除下属对上司的误解,减小上下级间的认识差异。这样进行评价活动,才有利于培养人才,激发员工的工作热情。

另外,上司必须认真倾听下属的自我评价及其背后的想法,并与自己对下属的评价和依据进行比较,必要时修正自己的评价。这样一来,评价者自身也能在评价过程中获得成长。

某个复仇者的故事

——你是这个组织不需要的人！

"少废话！与其想这些无聊的事，还不如多花点时间在工作上。现在的你，是这个组织不需要的人。"

这是15年前的某一天，我从当时的上司那里得到的一句话。我甚至怀疑自己是否听错了，反复确认上司的意思。

"没错，这个组织不需要你这样的人！"

我感觉自己的心被伤透了。之前自己心里那些泉涌般冒出来的想对上司说的积极意见，也完全干涸了。这次面谈本来的目的是根据本年度的评价结果探讨来年的新课题，但是这之后我们又谈了些什么，我已经完全不记得了。愤怒和悲伤彻底占据了我的心。

总有一天，我要把这句话还给这个叫作川田的男人！我要出人头地，成为川田的上司，然后向他甩出同样的话："这个组织不需要你这样的人！"我暗暗下了决心，更加用心地扑到工作中去。

我所在的公司是某大型计算机厂商的分公司，当时刚刚起步，所以川田这些总公司的员工被外派进来,年纪轻轻就做了领导,而我们这些原本就在分公司的员工就成了他的下属。我跟他的年纪只差了 10 岁左右,所以我坚信,凭自己的努力有足够的可能逆转情势。

15 年后,这一刻终于来临了,把那句话原封不动地还给他的机会来了!川田可能早已不记得那件事了,但我却从未忘过。我终于争取到了作为上司和川田面谈并告知他评价结果的机会。为了这个时刻,我努力了 15 年!现在,机会终于来了。

"我写了这个。这是我对自己在 A 项目里的表现的自我评价。"

川田虽然勉强用了敬语①,态度却很傲慢。现在我们和当年已经完全互换了立场。"当年你作为一个年纪轻轻就外派到分公司的领导,大大咧咧地坐在位子上。我可是付出了多少血汗才有了今天这样的结果啊!我要更加堂堂正正地指出川田的不足,最后让他也尝尝当年我听到那句话时的心情。"我在心里暗想了一遍谈话的流程。

川田继续说道:"我很不习惯做咨询工作,说实话,真的很累。过了 45 岁了还要去学新东西,真不容易啊。"

---

① 日语中对对方表达敬意的词或说法。

"别找借口了! 年纪跟工作没关系,只要有心,无论几岁都能提高自己的能力!"我在心里这样吼道,暗暗鼓舞自己。

"话虽这么说,但我也知道自己除了这个公司没别的地方可去,没别的办法,只能努力。你从上司的角度看我的表现,如果觉得我有什么地方需要改进的,或者有什么让你看不顺眼的,请全都告诉我,不要有顾虑,我会参考你的意见。"

"还改什么改啊,我看你还是放弃吧! 说到底,公司根本不需要你这样的人啊!"现在是说这句话的最佳时机,为了这一刻我已经等了 15 年。

但是,我虽然在心里痛骂川田,最终说出口的话却连我自己都觉得没什么效果。

川田却好像完全理解我的意思,没有显出丝毫不耐烦的神情,反而一副认真倾听的模样。也许是他这种认真的态度一点点融化了我原本坚定的决心吧。

"川田先生,和客户交涉统一双方意见一类的工作,年轻员工做起来难免会力不从心,所以还得请你多多指点他们。另外,既然你已经做了咨询的工作,那么不管年龄多大,该做的事情还是得做的,这点希望你能理解。如果你的表现有什么不当,我会直接指出来。"

最终,直到面谈结束我也没能说出那句话来。说不出口,不,

是不想说了。看着川田鞠了一躬后离开房间,我在心里告诉自己:
"这样就挺好的。"

现在,我的工资比川田高,还拿着一份名为职务津贴的特别津
贴。这是担任管理职务的人才有的津贴。部长曾告诉我:"这里面
也包含了忍耐费。"对当下的我来说,除了忍耐费之外,为原谅川田
所花费的精力费大概也算在里面了吧。

川田对我说那句话的时候刚满 30 岁,还是个不知轻重的年轻
人,连管理为何物都不知道。而现在的我,无论是工作经验还是做
人的经验,都远比他当时要丰富。憋着一股劲儿非要让川田尝尝
这句话的味道,实在是一件有些孩子气的事。

我再次拿起川田留下的自我评价。

今天和川田的个别谈话好像解开了在我心里多年的疙瘩。多
年来,虽然我和他形式上一直是上司和下属,之间却没有什么实质
性的交流。现在,横亘在两人之间的冰墙似乎渐渐融化了。说不
定,川田也想借这次个别谈话的机会为当年那件事向我道歉。

毫无疑问,川田当年的那句话以及想把那句话原原本本还给
他本人的愤怒,是我这许多年来努力的原动力,所以就此放下不也
挺好的吗? 当年的川田在毫无准备的情况下被动担负起了领导的
职责,煎熬苦恼可想而知。现在的我应该包容他当年的失言,这也
是我作为上司的责任所在。

复习评价的最基本原理

在第二章里,我们一起探讨了在评价这一可谓管理的集大成的场合中,上司和下属分别应该采取怎样的应对措施和态度,最后就让我们来复习一下评价的基础吧。

在按年龄论资排辈的年代,无论对评价者还是被评价者来说,评价都不是什么难事。年龄是大家公认的评价依据,因此不满评价结果的员工很少,也很少听到"为什么我的评价是这样的"、"为什么我的评价比 A 要低"之类的埋怨。然而,随着成果主义日益盛行,评价变得越来越麻烦复杂,年龄之外的评价标准越来越多,以至于以前几乎不会出现的"负面评价"都已司空见惯。而没有对此做好应对方案的员工往往因为收到负面评价而不知所措。

同样,评价者不仅要告知下属评价结果,还要思考如何回应下属的反驳,如何防止下属因负面评价而灰心丧气等,压力颇大。

那么,上司和下属应该如何应对越来越"麻烦"的评价呢?首先我们需要复习评价的最基本原理。

什么是评价?

话说回来,什么是评价?

《广辞苑》①中对"评价"一词的定义是:"判断善恶、美丑、优劣等事物的价值。"把这个定义放在公司组织的情景下,就是通过比较"理想状态"和"被评价员工的现状"的差别,判断被评价者的价值(见图2-3)。

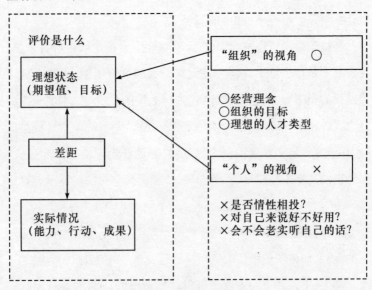

图2-3 评价的理想状态

① 《广辞苑》是日本最有名的日文辞典之一,由岩波书店发行。

那么,究竟要怎样做才能引导员工呈现"理想状态"呢?

毋庸多言,所谓的理想状态,并非是对评价者个人而言的理想(下属老实听自己的话,好使唤等),而是公司需要员工表现的状态。评价者是传达公司信息的代言人,要让员工知道公司希望某一级别的员工拥有怎样的态度、能力、行动、成果等,并且告知员工公司的理念,敦促员工以同样的理念开展工作等。

即使"理想状态"很抽象

但是,我们经常会听到有人埋怨说"不明白公司期待的理想状态"。的确,只有明确了各级员工的"理想状态",比如管理层人员应该怎样,销售人员又该如何等,上司才能对员工的表现进行评价。然而事实上,所谓的理想状态是非常难把握的,即便参考公司的人事制度,也往往只能得到极其抽象的评价条目、定义以及标准。

但是,就算评价条目和定义是抽象的,公司制定的战略或年度计划肯定是非常明确的。所以上司(评价者)可以把这些战略和计划融入自己的部门中,将其"翻译"成下属(被评价者)容易理解的语言,比如:"今年本部门将按照这样的方针来开展工作。根据这个方针,你应该承担的职责是这样的。"或者与被评价者共同思考这个问题。

另一方面,下属(被评价者)也向上司提出一些问题,比如:"由于公司的战略和计划是这样的,所以我觉得本部门必须交出这样的成果。因此,我应该承担的职责是这样的,你怎么看?"

这样一来,上司和下属就能同心协力将公司的战略和计划落实到实际的业务中去,并制定出具体的评价标准了。这是十分重要的一件事。开始时上司和下属是否有过交流,将给后来的评价质量带去巨大的影响。

当然,即使最初上司和下属进行过交流,也不能保证评价工作能够百分之百顺利进行。评价毕竟是由人对人进行的,所以整个过程中注定会伴随众多的问题和苦恼。接下来,我们就来为大家说明应该如何减少评价过程中伴随的这些问题。

评价的目的只是为了"决定待遇"吗?

首先,让我们来思考一下一个最根本的问题:为什么要进行评价?

的确,根据评价的结果决定某位员工"享受的待遇比同一级别的平均水平略高一点,增加的工资是其他人的 1 ~ 2 倍"的制度,已经被普遍接受。如果评价结果决定的员工待遇优于当前的待遇,会让本人的工作热情更加高涨;相反,如果最后决定的待遇比现在要差,员工就会知道自己之前的行为并没有获得较高的评价。也就是说,评价结果决定的待遇差别,在一定程度上可以强化或改善员工的行为。

但是必须注意的是,"评价决定待遇"充其量不过是一个手段,绝非最终目的。

评价最大的目的是培养人才。通过评价,应该使被评价者的行为方式有所改善,业绩有所提高才行。待遇无论多么准确地反映了评价结果,也不过是人才培养的有效手段之一。日本有句俗话说"船都要沉了还想着怎么分财宝",可以用来警戒评价者在进行评价时不要只考虑如何决定被评价者的待遇。毋庸多言,相较于如何分配财宝,探讨解决问题和培养人才才是更加重要的课题。

什么是"正确的评价"?

即使上司苦口婆心地劝说下属:"不要那么在意自己的工资没有别人涨得多,要多花心思在提高自身能力上。"想必下属也不可能简单地接受。因此,上司必须尽可能地进行"正确的评价"。同时,正确的评价也能促进人才的育成。

那么,究竟什么才是"正确的评价"呢?

人们普遍认为:"评价是由人执行的,所以无论如何不可能完全正确。"

真是如此吗?首先,让我们来明确一下"正确的评价"的定义。

如果把"正确的评价"定义为"完全公正、公平的评价",那么对于正确的评价究竟有没有可能实现这个问题,答案很明显,当然是"不可能"。如果评价者是全知全能的神,此事自然另当别论,但是身为评价者的上司毕竟是普通的人类,因此可以断言,完全正确是不可能的。但是希望大家能够回想一下前文中提及的"评价的目的在于培养人才"这个核心,退一步说,评价的目的是为了改善员工的行为,提高公司的业绩。因此,只要评价实现了这个目的,就可以算是"正确的评价"。

评价大体上可以分为两种:一种是"测定",另一种是"判定"。"测定"指的是以一个普遍的标准为依据,定量地衡量员工工作表现的优劣;而"判定"则是以个人的价值判断为依据,定性地衡量表现优劣。以体育竞技为例,前者是以"快"、"高"、"长"等标准来决定优劣的田径运动;而后者则是以"技术的熟练度"、"美感"等一较高下的花样滑冰和柔道等。由于"测定"有一个普遍的判断标准,所以有可能实现完全公平公正的评价。然而"判定"的依据是个人价值观,而非普遍的标准,所以必须另当别论。

那么,我们是不是可以说"必须采取判定方式才能进行的评价都是无意义的"呢?答案当然是否定的。举职场领域的例子来说,除了销售额、利润外,大多数的评价标准都是"判定"型的(其实销售额、利润等目标并不能完全靠数据来评价,也可以算是"判定")。

在体育运动领域,裁判员们为了尽可能地减少个人的价值判断,在心中确立一个统一的裁判标准,不得不绞尽脑汁想方设法。职场领域也是一样,为了缩小上司(评价者)作出的评价结果和下属(被评价者)以及其他评价者的差距,必须建立一个统一的标准。这样才能实现"正确的评价"。

"主观评价"也是有意义的

接下来,让我们来探讨一下在评价中持有主观意见是否恰当。由于人事评价具有"判定"的性质,所以从评价中完全排除上司的主观意见是不可能的。这个命题的前提是,我们默认"上司在评价中持有主观意见是不恰当的,应该尽可能地排除主观的干扰"。但是我们真的可以断言,上司在对下属进行评价时持有个人主观意见是不恰当的吗?

认为把主观意见带入评价中不恰当的人,大多数都认同一个前提,即"评价应该尽可能地做到客观"。但是所谓的客观,说到底也是"大多数人的主观",例如某幅名画被客观地判断为很美,原因是大多数看到这幅画的人都主观地觉得它很美。之所以持有主观意见没有被否定,是因为大多数人都有着相同的主观意见。

持有主观意见本身并不是件坏事,真正有问题的是自己的主观意见和他人的主观意见有着相当大的差别,却仍然自以为是,固执地认为自己的主观意见才是对的。

公正健全的主观意见不应被排除,相反,上司应该有上司的"思考"。这是指:战略、战术,以及对下属的期待,即希望下属如何成长、如何行动、有怎样的成果等。只有多了这一层的思考,才有可能让机械的决定待遇的方式成为培育人才的良机。

顺利开展"评价"的秘诀

在上文中,我们介绍了评价者应该做的心理准备,然而评价可没有简单到把那些注意事项全部记在脑子里就可以顺利进行。为了提高评价能力,实践和反思是必要的,评价不能只靠理论。但是了解理论知识,确实可以让你在实践中的成长速度提高 1～2 倍,甚至更快。最后,我来介绍一下让评价顺利进行的秘诀。

首先,绝不能把评价当作"年末大扫除"。切记不能到年末才慌慌张张地作评价,必须从年初就着手准备。年初,上司和下属相互表达对彼此的期待;年度中期,上司对下属行为进行指导和观察;年末,上司对评价进行整理归纳。上司在以上这三个步骤中花费的时间和精力,将直接影响到下属对评价结果的认可度。

为了让下属认同上司的评价,并使下属获得成长以及提高业绩,评价必须满足 4 个条件(见图 2-4)。这 4 个条件是:

下属对结果本身的认同感;

下属对结果的原因说明的认同感；

下属对评价中上司花费的时间和精力的认同感；

下属对于评价者(面谈者)态度的认同感。

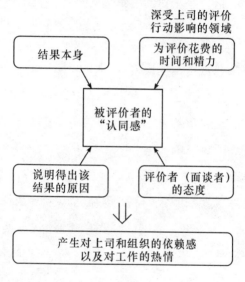

图 2-4　如何才能让评价获得认同

为了确保下属认同结果本身,上司对为什么会得出这种结果的"原因说明"是至关重要的。而为了确保下属认同"原因说明",评价者为获取信息印证结果所"花费的时间和精力的多少"是关键。另外,评价者(上司)在将这些信息传达给被评价者(下属)时的态度是否真诚也十分重要。

看了上面的讲解,想必你应该明白,评价并不是简单地传达结论,更为重要的是上司在评价中所付出的行动。

"没时间准备评价"是上司的失职

前面我们已经为大家说明了从评价的周期开始到结束的整个过程中,分别需要注意哪些因素。在评价周期开始时,上司和下属要商讨决定这一周期内的目标和方针;到了中期,上司要指导和检查下属的工作进度;周期末,双方则需回顾整个过程,并探讨今后的课题。这是"Plan—Do—See"的循环,可以说,评价的过程就等于是在进行管理。我们曾为多家企业提供顾问服务,支援企业构建人事制度,在人事制度导入阶段所进行的评价者培训中,经常听到接受培训的上司们说:"我很忙,没时间作评价。"但是,如果管理者把评价和管理完全分离,无论是被评价者还是评价者,必然都无法认可评价结果。

正是因为没有将评价和管理活动视为一体,这些上司才会说出"我没时间作评价"这样的话。上司说这句话,就等于说"我是个失败的管理者"。期待每位员工交出怎样的成果、采取怎样的行动、员工是否已经达成这些期待、如若尚未达成员工需要改善些什么——这些都属于管理的范畴。

评价可以创造出"美好"

以上就是评价的最基本原理。想来大家也已经明白,这些虽说是基础,实践起来却并不简单。另外,还要再强调一遍,评价并非是由上司或评价者单独完成的。

前文我们已经提到过,被评价者必须在年度的初期向上司申报这一年中自己希望做些什么工作,并在年末积极地向对方展示自己的实际成果。因为不管你的上司有多么的优秀,也不可能完全把握你的行动和实际成果,他们对于评价对象的认识多多少少会有些不足和遗漏。

请谨记,评价不是"由上司下达"的,而是"由上司和下属共同创造"的。

因此,上司和下属必须尽量频繁地进行交流,以促进相互理解。可以毫不夸大地说,只要双方通过交流加深彼此对对方的了解,当前所有的问题几乎都能得到改善和解决。

再没有其他课题能像评价这样,让上司和下属认真进行对话交流了。正因此,让评价结果得到对方认可的努力所带来的正面影响也是非常可观的。

モヤモヤ

第 03 章

解密上司也没有答案的难题——领导力

職場

"领导的职责是描绘愿景！"
不好意思打断一下,这个月的具体目标数值是多少咧？

——发现问题的能力和解决问题的能力

（自以为）干得不错的上司的说辞

"领导最重要的职责？很简单,一句话,制定明确的愿景(vision)。"

"只要让下属明白了我的为人、今后有什么目标,就能把大家团结起来,让组织呈现出整体感,让员工有动力!"

"至今,我已经重整过多个陷入低迷的事业部了。我的一贯做法是,一开始就跟部门成员明确提出任务。只要领导明确任务,下属也会对自己的工作有清楚的认识,从而服从上司的领导。"

"制定任务时的注意事项? 总之就是要在脑子里好好想清楚。这件事情绝不能交给别人代办。这种事情如果让别人做,一下子就会被人看破。"

"这次我又将领导一个陷入低迷的销售部门。我的任务很明确,部门成员也肯定会跟我共同为这个目标奋斗,这点我非常确信!"

身为一个组织的领导,能有这样的信心是非常值得赞赏的。如果信心得到了自身成功经验的印证,就更了不起了。

然而,抽象的愿景对有些人来说是没用的,他们只会觉得难以把握而陷入困惑。

下属 G 的烦恼

4 月份,林部长开始领导 G 所在的销售二部。林部长在公司的部长级人物中是出了名的有才干,不仅帮助过萎靡不振的分店重整旗鼓,还曾让停滞不前的新服务项目走上正轨。今天是新任部长赴任以来首次召开全体会议,部长究竟会说些什么呢? 不仅是 G,部门的全体成员都怀着不安和期待,将全部注意力放在了部长身上。

"我是刚刚就任部长的林。开门见山地说吧,事前我已经思考过销售二部的任务了,现在就给大家公布一下。

"这个任务就是'实在的支持'(Real Support),即销售二部要坚持急客户所急,想客户所想,和客户一起解决一切困难和问题。"

"只要全体成员都能朝着这个目标共同奋斗,就一定能让销售二部重现昔日的辉煌。大家有什么疑问可以尽管跟我提出来。我的话说完了,请大家尽快回到自己的岗位上去吧。"

林部长一口气说完这些话,就回到了自己的座位上。

"没有数字目标吗?"

"怎么连具体指令都没有啊？比如要攻克些什么难题，如何攻克之类的。"

大伙儿心里直犯嘀咕。G 和周围的同事突然听到上司说了一通"任务"、"实在的支持"（Real Support）之类的，一时间还反应不过来。

听到"实在的支持"（Real Support）这么抽象的字眼，谁也不知道究竟该做些什么。而且事实上，下属们其实并不希望上司自顾自地就决定好愿景。比起抽象的愿景，他们更需要的是具体的数字目标和行动方针。"实在的支持"（Real Support）？恐怕没有几个人懂吧！

上司很负责地提出愿景，下属却不一定会买账。

要制定出让大家都认同的愿景并非易事。

大家共同认可的愿景，绝不能由上头的人单独决定。

致下属

——上司的意图在这里

如果一位并不熟悉的部长突然告诉你他制定了愿景,大多数下属恐怕都会有抵触情绪吧。有些人甚至会觉得,新来的人有什么资格在这里谈什么现状呀梦想呀之类的东西。

然而,这位上司所谈论的东西恰好就是关键。因为这位新来的部长正在试图采取基于愿景领导法的管理模式,以重新整顿这个组织。所谓愿景领导法,是指通过提出非数字目标的定性愿景,确定组织的方向性,以提高组织的变革力和团结力的管理模式。

愿景对治愈"不安和困惑"很有效

那么,究竟什么是愿景呢?

假设你的公司和部门正处在一个变化剧烈的环境之中,连是否应该继续保留都有了疑问,人们对未来感到不安,并开始困惑在这种现状下自己应该做些什么。在这种情况下,就需要领导提出一个愿景,明确"我们的目标是什么,需要做些什么改变",从而统一各成员前进的方向和脚步。

我们会遇到有些上司以愿景为名,提出中期利润目标,但这不能算是完整的愿景。只靠 3 年后营业额达到多少亿日元这样的数字目标,并不能消除组织成员的不安,更无法激发他们的工作热情。

愿景包含以下 6 个必要的要素:

1. 能够通过一段较长的时间来实现;

2. 明确表明了自己所在的组织希望实现什么,以及努力的方向;

3. 简洁明了,有说服力,谁都能理解;

4. 与组织的核心理念及价值观紧密联系;

5. 包含了领导的想法;

6. 不涉及数字目标,而是定性的表达。

描绘一个明确的愿景,远比你想象的更需要智慧和勇气。就像"vision"这个英语单词有"景象"的意思一样,展望尚不明朗的未来以及确定自己将来的状态,都需要大量的资料和推测。另外,愿景很难一下子获得全体成员的理解和认同。必须由下属协助上司为抽象的愿景添加具体的内容,让它逐渐充实。

所以,下属们不能只知道抱怨上司描绘的愿景,可以试试积极发表自己的观点,思考"如果是自己,会描绘出怎样的愿景"、"自己应该做些什么,才能让愿景成为现实"等问题。身为部下的你,必须努力在林部长描绘的愿景的基础上描绘自己的愿景。

假如你不能认同上司描绘的愿景,就应该大胆地提问或提出异议。在这个过程中,你可能会理解"实在的支持"(Real Support)的真正含义。要加深彼此的理解,这样的交流是必不可少的。

在使愿景具体化的过程中培养的能力

在将上司描绘的愿景渗透到自己脑海里的过程中,你的能力将得到超乎想象地提高。只有在对愿景的背景和组织的状况有所了解的基础上,你才能认识到问题所在,才能将模糊的愿景落实到具体的行动中。为此,发现问题的能力和解决问题的能力必不可少,而这些能力是在执行日常业务时难以培养的。因为日常工作中问题和解决方法都已经十分明确,没有拓宽思维和提高思维灵活度的空间。

问题发现能力和问题解决能力是各个职业都需要的基本技巧。因此,拥有这两种能力的人才在劳动市场中非常有价值。不要光想着自己的立场是协助上司和组织,而要把愿景具体化作为一个锻炼自己能力的绝佳机会。积极参与到愿景具体化的过程中,在协助公司的同时,也能提高自身的价值。

如果你可以进一步将上司描绘的愿景解释给同事或新人,那么你不仅进一步提高了你的价值,还培养了自己的领导能力。

　　以上是说,为了让愿景的内容更加充实,下属也必须积极主动地参与到愿景具体化的过程中。

　　美国前总统约翰·肯尼迪的名言——不要问国家为你做了些什么,而要问你为这个国家做了些什么——在公司里也同样适用。

　　那么,"描绘愿景"的领导们又应该注意些什么呢?

致上司

——描绘愿景不能一厢情愿

走马上任就为重整陷入低迷的组织描绘出一个愿景,明确了组织的方向,像你这样的上司确实令人赞赏。

因为,愿景能够大致明确组织的奋斗方向和价值,也使每个人的任务逐渐清晰。

但是上司在描绘愿景时,必须对组织的现状有一个准确而恰当的把握才行。如果仅仅根据一些特定信息和个人的想法来描绘愿景,不可能获得其他成员的赞同,提出愿景的你反而会被孤立。

为了了解组织的现状,上司必须了解相关人员(参与者)对组织有些什么要求,进一步了解周围的人对你又有些什么要求。越过这两个步骤描绘出的愿景将会缺乏凝聚力。

"通过开展与当地情况密切相关的活动,成为该地区认知度和信赖度第一的企业。"

"争取最快将公司的重点服务渗透到市场中去,成为一家前瞻型的企业。"

"成为优秀人才辈出的人才育成模范企业。"

以上几个例子中的企业虽然都隶属于同一家公司，却有着完全不同的愿景。观察各家企业的实际情况，我们会发现，即使是类型相同的企业，由于描述愿景的参与者的不同，愿景也会有所差异。

因此，"哪儿有好的愿景范本啊，真想模仿一下"这种草率的想法是非常危险的。无法切实反映现实状况的愿景，可能会引发领导和下属间的不信任感，甚至让双方对彼此失望，因此必须时刻留意避免。

了解员工对你的期待

那么，上司应该做些什么来了解现状呢？

为了了解状况，新官上任的你必须先了解员工们对你有哪些期待。

定期轮换管理层人员的通用电气公司（GE），会让同一部门的员工对自己的领导提出"希望他了解的事情"、"他不了解的事情"、"希望他做的事情"、"希望他别做的事情"。一般由领导主动向下属们请求："请务必让我听听你们的意见。"下属们提意见时，领导并不在现场，结束之后才将不记名的员工意见收集起来交给上司，让上司通过这些意见了解员工对自己的期待以及理解程度。

GE 之所以会这样做,是因为它很清楚,在为组织描绘愿景之前,领导者首先必须对自己有一个正确的认识。领导不能将自己的意见单方面地强加给下属,在形成"自己的观点"之前,领导必须先了解员工对自己的期待以及他人眼中的自己。

强大的愿景能让组织焕然一新

下面给大家介绍的这个案例中,领导依靠描绘明确的愿景,把一个屡战屡败的组织变成了一个常胜团队。

1993 年,仓重英树就任持续赤字的普华永道咨询公司(现 IBM 商务咨询服务部)的董事长。在进行了各种组织分析之后,他看出这个组织的成员都拥有很大的潜力。在此基础上,他为员工打出了一个愿景口号:We are intellectual fighters(咨询师是智慧的格斗者)。这句简短的话集中概括了知识集中型企业——咨询公司的商业特点,并凝聚了敦促信息传播、销售活动等自律行动的信息,此外也旨在摆脱旧式的依赖监察法人的业务和品牌的被动模式。可以说,仓重当时打出的愿景口号对该公司之后急速回升的业绩有着巨大的影响。

另外,一个明确的愿景还能促使员工们更积极地参与到公司事务中,以弥补领导在实力、个人魅力方面的不足。

日本棒球队在 2009 年的世界棒球经典赛(World Baseball

Classic,WBC)中实现了卫冕,当时的教练原辰德特意不在球队名中加入个人的名字,而是以"武士JAPAN"命名球队,为球队描绘了向世界展示"日本力量"的美好愿景。

之前在国际棒球大赛中担任日本代表队教练的长岛茂雄、王贞治都曾经是棒球运动员,在选手时代就已经拥有了众人认可的实力、人气和个人魅力。第一届WBC时,为了不辱王贞治教练世界本垒王的盛名,并"树立王贞治教练的男子汉形象",球队团结一致,获得了胜利。而王贞治教练的继任者,领导日本代表队征战北京奥运会的星野仙一则因为无法让球队凝聚成一个整体而导致球队在开赛后不久便被淘汰。

在这之后,棒球队围绕教练人选发生了较大的摩擦,而原辰德教练就是在这种情况下临危受命的。他必须领导包括铃木一郎选手在内的多位世界一流的棒球运动员。这些选手个个都有着鲜明的个人特色,而且成绩都比原辰德教练运动员时期要好。原辰德教练认识到,如果要以自己的实力和个人魅力帮助球队形成向心力,肯定会受到一定的限制,所以他特意为球队冠以"武士JAPAN"的球队名,而不加入自己的名字。武士有着强大的精神力量和绝对的忠诚,为了自己效忠的家族甚至不惜自我牺牲。这个名词象征了日本人的坚强,且在国际上有共同的认知。

铃木一郎选手是最积极为这个愿景作贡献的人,因为他担心原教练会步前任教练星野的后尘。事后他曾坦言,"武士JAPAN"这个队名,是他成为这个新球队的一员后面临的第一个挑战。这也证明他深入思考了愿景的意义以及即将成为其中一员的自己的意义。选手中资历最深、实力最强的铃木一郎选手对愿景的积极贡献,为其他选手带来了良性的影响。

在2009年的WBC中,即使原教练没有给出明确的指令,各位选手仍然主动且圆满地完成了自己的任务。尽管这个紧急组合的队伍从集合训练到正式比赛只有一个月不到的时间,却表现出了一支长期训练的队伍才有的凝聚力,令其他国家的球队对此惊叹不已。在国际大赛中,短时间内将自我意识强烈的一流选手团结成一支实力强大的队伍,靠的是愿景的巨大威力。

愿景不明确,会造成混乱

团队开发培训中有一项叫盲人方阵(Blind Square)的内容。它指的是,除领导以外的所有成员都蒙上眼睛手拿绳子,只有当领导拿到一张写着"做一个正方形"的纸条时,才能给成员下达指令,指挥他们行动,形成指定的形状。

蒙眼的成员全都不允许发出任何声音,领导的声音是他们唯一的依靠。

"田中,稍微往右移动一点,啊,不行不行,再稍微往左移一点……"

　　为了完成这个形状,领导往往被弄得焦头烂额。如果领导只给某几位成员下达指令,其他成员就会对自己应该承担的职责分工和集体的目标感到困惑不安。人们都希望自己能够参与到集体中,为集体作出贡献,但这种指挥方式不仅不能满足成员的这种心理,还会给完全没被领导叫到的成员的积极性带来巨大的打击。

　　只有领导将目标、各个成员的职责分工以及当前的状况确切地传达给所有成员时,他们才能放心。这样做,也更有利于全体成员齐心协力达成目标。

　　在公司组织中,情况也一样。请想象你的下属们都蒙着眼拿着绳子,这样,你是否就能明白,身为领导者,你应该注意些什么呢?

"来，大家一起思考吧！"
又开会啊……
——建导①和 GROW 模式

（自以为）干得不错的上司的说辞

"当领导的不能什么事都自己一个人决定,把每个人的智慧集合到一起才是领导的职责,所以我非常重视和成员间的交流和探讨。"

"为了提高团队的凝聚力,大家必须经常碰头。所以我会尽量

———————————

① 建导(facilitation)是一种先进的参与型领导技术。——编者注

创造让大家碰头的机会。"

"作决策的会议上，我一般不会单方面地传达部门方针。让全体部门成员参加会议，共同决定方针策略是我的办事原则。所以我也十分注意在会议上听取成员们的意见。只要我一开口说自己的观点，其他人就什么都不敢说了，这样不利于他们成长。"

"以前我也采取过很强硬的处事方式，从不听周围的意见，但是我后来明白了，这样的方法是行不通的。"

"引导大家说出自己的意见并在这些意见的基础上决定方针策略，比我自己一个人作出的决策质量要高得多，作出决策后成员们的行动也比较迅速。"

看上去，这种管理模式充分尊重了成员们的工作热情，考虑得十分周到。

这位上司心怀让全体成员共同参与的明确原则，信念十分坚定。

然而有些下属却认为，这种管理模式太浪费时间了。

下属 H 的烦恼

"我想临时召开会议和大家讨论一下改善销售业绩的对策,希望大家先各自考虑一下。"

才刚开过会就又要开会啊！而且这次还要每个人各自想出解决办法来,估计这次的事儿让老大觉得很难处理吧！反正课长就是这样,一有什么事情就喜欢召集大家开会。很少有哪天没有会议也不用讨论的。而且他从来不告诉大家一个明确的会议目的以及会花费多少时间。

我所在的部门很久以前就向上司提出过增加人员的请求了,但由于公司正致力于节约成本,就一直没有增加人员的迹象。与此同时,每个人的工作量却在逐年增加,以至于每位员工承受的负担越来越大。在这种情况下,员工们还必须承受另一项负担——频繁召开的会议。

"那么现在就来分享一下大家的想法吧。"课长一边这么说,一边亲自在白板上记下每个成员的意见。

在大家陈述各自的意见时,课长会附和说"原来如此"、"还有什么其他办法吗"、"对于这件事还有谁有不同的意见吗"等,不断收集大家的想法,员工们也非常活跃地提出自己的意见。

收集到的意见是不少,但是讨论了很长时间,都没有取得一个统一的结论。

课长只是一个劲儿地说着"还有这个办法啊"、"这样啊,原来如此"之类的话,肯定员工提出的所有意见。但他连根本没有把握住重点的意见都给予了肯定,让讨论变得越来越不着边际,完全定不下结论。

会议已经开了两个小时了,课长和成员们的脸上开始出现不耐烦的表情,显出疲惫的神色。这种没有结论的会议究竟还要开多久啊? 更过分的是,为什么连完全脱离重点的意见都要认真地去听呢? 与其抽出本来就少得可怜的时间来开这种没有结论的会议,向成员们表明自己的看法,确定方向,才是领导该做的事情吧?

这位上司的做法并没有错,但下属却觉得自己在陪着不成熟的上司瞎胡闹,因而产生强烈的受挫感。

会议应该是由与会成员彼此互动共同创造的。

下面,让我们先来给下属们一些建议吧。

致下属

——理解上司在会议中发现的"意义"

在你看来,一有什么事就集合全体员工召开会议的上司只会妨碍工作。那么你知道你的上司究竟为什么这么喜欢开会吗?因为,他非常重视为员工创造一个"直接碰头"的机会,这是为了共享组织的方向和目标,加深彼此间的理解。

直接碰头有以下3个意义:共享得出结论的过程;了解彼此的为人;分享彼此喜怒哀乐的感情。

共享得出结论的过程

人们珍惜自己亲手获得的东西,却不珍惜别人给予的。因此,如果员工没有直接参与讨论,无论最后得出的结论多么合理,他们都不会有浓厚的兴趣。通过让员工参与会议,加入讨论过程,不仅可以帮助他们加深对结论的理解,还能提高大家对结论的认同感和支持度。即使你真的觉得某件事让上司来决定就可以,但如果直接对你说"你只要做上司决定的事情就行了"的话,你的积极性多少会受到打击吧? 相对而言,如果能在决策过程中积极反映自己的意见,那么人们对结论也将更有感情,也更认同。

了解彼此的为人

如果我们对对方的为人毫无了解,会给交流和合作造成阻碍。一个典型的例子就是,假如一个陌生人发邮件请你帮忙,一般情况下你肯定不会优先处理。随着 IT 技术的日益发达,工作效率也越来越高了,但是这样的环境也减少了人们面对面交流、加深彼此理解的机会。

增加面对面的交流机会,能够促进人们了解彼此的为人。特别是营销岗位等个人责任明确的工作,制定出目标以后,其余的行动就完全由个人独立负责了。这种情况很可能会造成员工之间无法构建起合作关系。你的上司正是为了避免这种情况的发生,才会特意增加员工们碰头的机会。

分享彼此喜怒哀乐的感情

面对面的交流不仅可以让员工通过语言获取信息,还能通过声音的抑扬顿挫、表情等传递相互间的感情信息。

很多时候,虽然头脑里非常清楚自己该做什么,却常因为没心情而难以付诸行动。人就是这样,没有心情就不会行动。用邮件传达信息难以用自己的情绪感染对方,而直接将员工集合在一起的会议,能帮助彼此交流感情,让大家共享喜怒哀乐。

身为下属的你首先必须理解"直接碰头的意义";其次,必须与其他同事齐心协力把会议的效果发挥到最大。

建导——集中众人智慧的方法

在这次会议上,课长询问每个成员的意见,并亲自书写板书。也许你更期待,上司与其逐一听取下属们的意见,不如自己作决策,然后自信地告知下属。

然而在这个客户的需求日益高端化、复杂化、潜在化的状况下,沿用从前的旧办法或依据经验制定解决问题的方法已经非常困难了。上司肯定是为了打破这种困境,才会尝试这种新的方法——集中所有人的意见从而得出唯一的解决方案。

这就是"建导"。所谓"建导",就是促进成员们提出自己的意见,然后根据这些意见,产生众人的智慧结晶。

有责任活跃讨论并总结意见的并非上司一人

为了有效地实践"建导",必须尽可能地从成员那里听取意见从而充分展开讨论,最后集中这些意见进行归纳总结。通过以上程序就能得出结合了众人智慧的解决方案。这是实践"建导"时的关键。

　　总结归纳发散的意见极其需要技巧。因此,如果因为上司最终无法圆满地将意见归纳起来就责备上司,你就多少有些严苛了。你也可以换个角度想想,有没有下属们可以协助的地方呢? 比如说,下属可以在会议中强调大家应该围绕主题表达意见。

　　假设你站在上司的立场上,会怎样归纳下属的意见呢? 请你在参与讨论时带着这个问题。这样一来,你自身的建导能力也能得到锻炼。而前文提到的上司逐一听取下属们意见的情况,正是下属站在更高的立场上思考问题的好机会。

　　作为下属,必须理解面对面讨论的意义,并帮助上司将其效果发挥到最大。那么接下来,我们就来谈一谈上司应该做些什么才能培养出更多这样的下属。

致上司

——提高会议效率的三大要点

和下属们直接面对面共同了解组织的目标和进程,然后再制定策略,这是一个非常棒的举措。创造一个能够直接传达目标、了解各自职责的场所,对提高团队的凝聚力也有非常重要的影响。

另外,在明确了目的和内容的基础上,还必须想办法提高会议的效率。据说,普通白领的劳动时间中至少有三成是花费在会议里的。在这样的状况下,如果因为重视面对面交谈而过多增加会议,就会减少员工在执行业务上花费的时间,难免会增加员工的负担。为了避免这些情况的发生,请尽量不要将集中员工进行面对面交流作为目的,对会议体制进行适当的管理。

要想提高会议的效率,必须将会议的实施过程分为"事前准备"、"召开会议"、"总结归纳"这3个单元来进行管理。

你会为会议画"设计图"吗?

大多数会议的事前准备阶段,一般都只要确定议题、与会成员、日期、确保会议室、发布通知等就行了。但是只做这些，会让会议的目的变成单纯的碰头，因为这样与会者将没有任何准备就参加会议。为避免这种情况，事先设想会议结束时应实现的状态是至关重要的。

会议是一项生产智慧的操作，输入成员们的智慧和信息，输出今后应该做的事或应该采取的方针。为了避免这项作业偏离轨道，就必须和机械一样制作出设计图。没有设计图的生产过程不可能高效地输出成果。

所谓的会议设计图，是指设定会议的目的和明确的论点。只有这样，与会人员才能在会议召开之前做好准备，迎接会议的召开。

参与会议的成员必须共享会议前设定的目的和论点，才能进行会议。如果没有这个共同认识，就会有成员提出与主题完全无关的意见，或是在讨论时无视时间。

会后你进行"事后处理"了吗？

会议结束后的成果是什么呢？那就是会议记录。

如果不养成做会议记录的习惯，那么就算会议很成功，与会成员也无法共享会议最终所作的决策、会议中尚未解决的问题、下次会议或会议结束后必须付诸实践的内容等，这样一来，为下次会议所做的工作也会变得敷衍草率。

如果想明确会议的结论和需要做的工作,可以事先确定一张会议记录表,按照固定的格式来完成会议记录。这种方法很有效。这种管理模式需要上司的重视和参与。

帮你把"展开的布"叠整齐的"GROW 模型"

为了让大家有效地实践建导,接下来我们将为大家解说"GROW 模型"。所谓的"GROW"是由 goal(目标的明确化)、reality(现实的明确化)、option(选项的探讨)、will(决策)这四个单词的首字母组成的(见表3-1)。

表3-1　帮助总结归纳的"GROW 模型"

goal	明确目标和理想中的状态等
reality	把握现状,明确现状与目标间的差距
option	探讨消除差距的方案
will	将决定下的方案付诸实践

"goal"指的是明确目标或理想中的状态。在我们所说的案例中,"goal"指的是营业额得到改善的状态、理想的客户关系(比如"本公司最先被客户指名"等)以及具体的数字目标等。首先,必须明确讨论的目的或是讨论的方向。

接下来是"reality"。在这一步,我们必须切实把握现状,明确目标或理想状态与现状间的差距。在这一步，与会成员仅仅阐述各自掌握的事实是不够的，必须进行深入的讨论，以锁定产生事实的原因（本案例中指的是销售额不振的原因）。

锁定了问题的原因之后，就是"option"（方案的探讨）了。为了找到解决问题的方案，与会成员以各自的视角交换意见，讨论出最恰当的解决策略。这一步也是综合成员集体智慧的好机会。

制定了最佳解决方案，最后就是"will"（决策）了。探讨决定究竟何时、由谁、如何实践这个解决方案，明确各自的职责。

通过运用以上几个步骤，能够让讨论发挥更大的效果。

别以为集合了全体成员就万事大吉了

身为上司，切不能忘记，你不应该站在旁观者的角度来总结成员们的意见，而必须在意见中加入上司的视角进行归纳。在讨论中，不要抱着"总会有办法的吧"这种安逸的想法仅仅以"会议主持人"的立场来收集与会成员的意见，以为那样就能获得理想中的结论。上司必须站在上司的角度上努力引导员工。但是为了能够进行恰当的引导，建导者（实施建导的人）必须有一个事前设想好各种突发事件的脚本，并有能力处理各种突发事件。

在世界文化遗产白川乡①附近开办的一家环境教育设施——丰田白川乡自然学校中,校长西田真哉提出了建导者必须具备的10 个条件:

1. 在所处的场合中作为主体存在;

2. 拥有灵活性和作决策的勇气;

3. 能够以旁观者的视角把握全局;

4. 具有丰富的表现力,并对与会者的意见作出明确的反应;

5. 非常清楚必须谨慎使用评价性的语言或行为;

6. 知道该如何介入建导过程,必要时可以付诸实践;

7. 为了促进相互理解,能够主动展示自己,具有开放性;

8. 拥有亲密性、乐观性;

9. 坦承自己的错误和疏漏;

10. 信赖并尊重与会者。

建导者是多变的现场的掌控者,是为达成目标而承担起活跃现场的职责的领导者。理想的建导并非一朝一夕就能完成,建导者必须在多次实践中反省自身行为模式,逐渐成熟,并坚持不懈地

---

① 白川乡是指日本岐阜县内的庄川流域。它和五个山等村落以"白川乡与五个山的合掌造聚落"之名,于 1995 年 12 月被联合国教科文组织收入世界遗产名录。——编者注

继续接受挑战。为了有效地实践建导,必须同时用"整体视角"和"与会者视角"来看问题。

建导在实践集中众人智慧的管理模式方面十分有效,但是建导之前必须做好周全的准备和思考。

此外,不能把自己的想法强加给他人,领导的职责在于尽可能最大限度地引导出成员们为组织贡献的积极性和潜在能力,并加以利用。

"我们公司以前啊……"
够了,这话听得我耳朵都出茧子了!

——组织承诺与主人公

(自以为)干得不错的上司的说辞

"不以公司为荣的人不可能真正做好工作。员工必须要有肩负公司声誉的气概,才能在工作上有出色的表现。"

"公司还在创业期时我就已经在这里工作了。当时根本没有前辈教我们工作的技巧要领,就靠我们这些没经验的年轻员工自己拼命攻克那些高难度的项目。"

"我们公司有很多传奇性的项目呢!"

"比如说,公司曾经运用当时尚未得到验证的最新技术创造出了全国规模的网络体系。当时的项目经理只有 30 来岁,项目成员也都是经验尚浅的年轻人。如果这个项目中途受阻,甚至可能会动摇公司的支柱,所以大家都非常拼命。"

"我们天天工作到电车的末班车时间,拼命解决不断出现的问题,确保了服务质量。当年的那个项目经理,就是咱们公司现在的总经理。"

"我希望通过口耳相传这些富有传奇性的项目,让大家以公司为荣。"

"虽然现在的年轻人不知道这些事,但只要告诉他们,他们就会表现出很大的兴趣,追问我'以前还有过这样的事?'"

"有些年轻人还表示'知道了自己以前不了解的公司的方方面面',或是'再一次让我觉得这真是一家好公司'等。"

"今后,我还会继续在公司里扮演把传奇故事传承下去的角色。"

了解公司的历史,的确能够激励年轻的员工,但是这对于激励员工为公司献身,也同样有效吗?

其实,传承历史也是需要一点技巧的。

下属 I 的烦恼

部长对刚刚调到本部门的某同事说:"这个系统建立于 20 世纪 80 年代,使用的是当时最新的技术。当时我才 30 来岁,眼看着差一步就升任课长了,却突然被委任领导这个项目。"

"在员工年轻时就不断地委任重要工作,即使遇到或多或少的不确定性,却坚持不断挑战,是公司的传统。我个人也很认同这种思路。你看这张照片,这就是我当时的那些伙伴。"

又开始了……私底下,我把部长叫做"人肉 X 计划"①,意思是活着的"X 计划"播放器。他是公司创业初期的固定班底,所以对公司过去的项目和故事都非常清楚。

只要有员工问他关于公司的事情以及他自己的看法,他就会知无不言言无不尽,一开话匣子起码要两个小时。而且他本人是

---

① X 计划(Project X)是日本 NHK 电视台于 2000 年至 2005 年播放的一个纪录片节目,记录了日本在第二次世界大战后至高速经济成长期期间各行各业在面对产品开发等难题时,是如何克服它们并取得成功的。——编者注

以极其认真的态度在讲的，更让人觉得尴尬。

现在，大家都不会主动去踩部长的这个地雷了，但是这个同事大概还不了解部长的这种习性吧。真可怜，他不过是有点小问题想不通，想在下班前问一问嘛，估计再过 1 个小时都不一定能解放吧。

为什么部长一逮着机会就提项目的历史和公司的文化呢？更何况 IT 业的发展这么日新月异，以前的那些项目和历史什么的，到现在早就过时了。果然人年纪一大就喜欢说些陈芝麻烂谷子的事情，我家奶奶也是这样。

下属的这种心情的确情有可原。

但是从某种意义上来说，这位部长也有令人敬佩的地方，没有信仰的人是说不出这些话来的。为什么这位上司能这么有激情地给下属讲述这些陈年旧事呢？看了下面我们给下属的一些建议，你就会明白了。

致下属

——上司想引导出什么？

这位上司逮着机会就喜欢讲公司和项目的历史。他这么激情澎湃地讲述那些陈年旧事，真的只是因为他沉浸在对自己过去辉煌的怀念中吗？

其实，你的上司具有很高的组织承诺（organizational commitment）①，他希望通过让周围的人了解公司的历史和文化，激发他们为公司或组织作贡献的意愿。

那么，究竟什么是组织承诺呢？组织承诺有"视为共同体"的含义，是指在对组织的好意、共鸣、自豪感等积极的感情基础上，给从业人员的表现以及满意度带来正面影响的情感。而了解公司的历史和文化，有助于强化员工的组织承诺。

例如，有优良传统的学校或著名的体育运动队为什么总是更吸引人呢？因为名校和名队已经不仅是学习和进行体育活动的地

---

① 也译为"组织归属感"、"组织忠诚"等。——编者注

方,还能让人们产生组织承诺。组织承诺的源泉是组织的历史,直接或间接地了解组织所重视的价值观、常年以来形成的传统,是人们产生组织承诺的契机。

组织承诺会随着人们对组织了解的深入而逐渐加深。越是了解对象,对对象的喜爱就会越深。想一想你自己的爱好、支持的球队以及喜爱的明星,就能明白这个道理了。

销售产品时也是一样,销售员们不会只说明产品的功能,而会将产品的开发故事、开发产品的公司和技术人员在设计和制造产品时坚守的原则等细节仔细地阐述给消费者。比如说,日产汽车的传奇车型 GT-R 就不只注重汽车的基本性能和外形设计,还用宣传短片和宣传手册的形式让消费者了解这个型号从第一代开始至今的变迁和发展故事。在这个例子里,组织承诺可以说就是品牌形象,是对公司的历史、商品开发中的坚持以及公司和商品的信赖和共鸣。这些因素赋予了商品除价格和产品功能之外的价值,凸显了商品与其他商品间的差异性。

组织承诺的作用

组织承诺有阻止人们辞职的作用。"收入"只能满足人们的生理需求和安全需求等低层次需求,那么组织承诺则能满足人的认知需求和自我实现需求等高层次需求。

拿体育运动团队举例,很多运动员都说,能成为拥有优良传统的队伍的一员,穿上首发的队服,能让自己超水平发挥。这是因为,这让队员们满足了对自己所效忠的组织的认知需求,同时还使队员们因为被"认可"而获得心理满足感和激扬感。

不只了解公司,还能进一步认识自己

对部长的慷慨陈词冷眼旁观的你,是否真的热爱着你的公司和职业呢?如果不是,那么这不仅意味着你对现在所在的公司和组织一无所知,甚至说明,你对自身的价值观和原则的认识也还处在暧昧不清的状态。

组织承诺产生的条件是,个人的价值观或原则与公司或组织的文化和价值观之间有共同点,或有所共鸣。为了增加两者间的共同点,我们不仅应该了解公司的文化和价值观,还应该对自身有一番深入的认识。

这和找工作时决定要就业的公司的过程是一样的。你可以回想一下自己当初决定进这家公司时的情形,让心态回到原点,就能了解这种精神了。随着认识的逐渐加深,我们对对方或组织的喜爱之情也会逐渐浓厚。所以无论是对对方还是对自己,我们都应该深入了解。

也许部长在讲述那些历史的时候过于自我陶醉了,但我们应该谅解,因为他讲那些话毕竟是为我们着想。在组织里待的时间越长,就会越认真地思考"我能为这个组织和后继者做些什么",而下属的职责也包括回应上司们的这份苦心。所以,我们应该感谢这位上司,他为了激发下属的组织承诺,从自己的宝贵时间中挤出了一两个小时呢!

上司给了你提升组织承诺的机会,你就应当充分把握住这个机会。

致上司

——别光顾着慷慨陈词

你积极地向员工传播公司的历史和文化,这本身是一件非常有意义的事情,希望你能继续坚持下去。

曾经有一段时间,人们倾向于为职业而工作,而非为公司而工作,因此很多人觉得讲述组织的传统和文化以及过去的事迹,可能会招致年轻员工的反感。另一方面,也有不少人把工作的重点完全放在了自己能在公司里成就哪些事业,获得怎样的职业经历,轻视了对公司的情感和职场的人际关系,最终导致过早离职或缺乏工作积极性。之所以会有这样的结果,是因为人毕竟是社会动物,总是希望自己对组织是有价值的。

可以说,组织承诺是对"自己为什么会在这个组织里工作"这一问题的回答。而用故事等形式传承组织承诺,能使其稳定地发挥作用,甚至成为部长发挥领导力的一大助力。

另一方面,我们必须注意的是,仅仅让下属了解组织的传统和历史并不足以激发他们的组织承诺。只有当员工信赖讲述者,并与其产生共鸣时,才有可能产生。此外,上司必须引导下属本人自发地产生这种意愿,强加式的叙述可能会带来反效果。不管上司叙述的内容多有意义,在讲述时都必须注意对方是否能够接受,以及对方是否信赖自己。

使人"燃烧"的条件

"课长'燃烧'起来,发誓一定要拿下这个项目。"这类语句里的"燃烧"指的是人们有意识地、自发地、干劲十足地开展行动的状态。那么,要在组织中创造这种氛围需要哪些条件呢?

为了创造"燃烧"状态,人和物质所需的条件有些相似之处。

物体的燃烧有三大条件:有可燃物(物体本身)、温度到达燃点、氧气。

人的生命状态其实也可以看作一个物体燃烧的过程。当人的呼吸变浅、营养不足或体温下降时,便不能完全"燃烧",就会生病了。

同样,要想在组织中让人"燃烧",就必须有"目的"作为燃烧物,信息作为氧气,营造组织氛围以使"温度"升高。

领导所怀有的热情在营造组织氛围(加热)的过程中不可或缺。我们往往误认为在组织中只要有可燃物(目的、愿景)和氧气(必要的信息),物质(组织中的人)就会自动"燃烧"起来,但如果温度不够,是"烧"不起来的。

你是否拥有能让人"燃烧"的热情呢?

人们会被主人公和故事打动心扉

那么,怎样才能有效地激发员工的组织承诺呢?

关键在于多花心思打动对方的心,不能一厢情愿地把公司的历史和文化一股脑儿塞给下属。只叙述历史和文化不可能打动人心,就像没有人会被历史教科书感动一样;然而,肯定有不少人被传记打动过。

教科书和传记的区别在于:活灵活现的主人公、故事情节、对喜怒哀乐的描写。

日本 NHK 电视台曾经有一个叫做"Project X"(X 计划)的节目,当时在各个年龄段的观众群中都拥有很高的收视率。这个节目讲述了平凡的主人公们和他们的成功故事,并且记录了与主人公们共享喜怒哀乐的项目组成员们的心路历程。有公司在新员工进公司的时候给他们看这个节目中介绍自己公司故事的部分;也有子女说以前不了解父母的工作,看了这个节目后对父母的公司有了全新的认识。从这个节目的传播效果可以看出,如果你在传播公司的历史和文化的同时能够讲述一些主人公的轶事以及当时的心情,会使人们对接收到的信息产生完全不同的看法。

在讲述从前的项目时,你可以试着别只顾着说当时的状况和所做的行动,阐述一下当事人的心情,说不定会有意外收获哦。总之,将烦恼、痛苦、不安等人性的一面展现出来,并讲述在成功的过程中遭遇的失败,而不是一味地叙述结果,会给倾听者留下完全不同的印象。

在下属看来,部长就是一个可望而不可即的存在,是组织中的成功者,让人很有距离感,因此,用平等的视角为他们描述你作为一个普通人的状态,会让倾听者的态度有很大的改变。

身边的小故事也能激发员工的组织承诺

前文中提到的那位上司熟知公司的历史和著名的项目,并认为这些是谈话内容中不能缺少的要素。但是,如果你所在的公司没有这么多历史和事迹,你该怎么办呢?

其实,并不一定只有出色的英雄和划时代的新产品才能激发员工的组织承诺。挖掘和讲述身边一些鲜为人知的事情,也能打动人心。有些公司为了给求职的学生展现员工在工作中的真实状态,一般会让年轻员工作为受访对象,并尝试以学生的视角询问他们工作时的状态、进入公司的原因以及工作中的辛苦和魅力等。这种方法的目的是避免员工干了不久就离职,因此使用与学生年龄相近的员工们的视角来传达公司的真实状态。从结果来看,受访的年轻员工的组织承诺也在这个过程中得到了强化。这就是通过挖掘平时默默无闻的员工的事迹，强化了组织承诺的典型案例。案例中的这位部长应当避免总是重复以前的员工的事迹，尝试去发掘一些现在的下属和周围同事的小故事。

间接的传达方式也有效

另外，有时候比起直接阐述，间接的传达会更有效果。例如博客、邮件、公司内部报纸等渠道。这些方法可以让读者在自己的空闲时间里有选择性地了解内容，从而避免因强行灌输而招致的抵触情绪。

三井物产株式会社（以下简称三井物产）在整个公司范围内推行渗透企业理念、提高组织承诺时，用到的一个方法就是将创建三井物产的各位先人所留下的名言印在小册子上，发放给公司全体员工。在标榜"人的三井"的三井物产，公司正试图借助创造公司历史的先人们生动的名言，来激发员工的组织承诺。

通过发掘并传播公司里潜在的一些人物的魅力，员工对公司和组织的看法将有巨大的变化。请务必在此基础上，将公司的历史和文化传递给下一代。好故事往往就潜藏在我们身边，而探索这些故事的过程，也有助于提高员工的组织承诺。

最近，越来越多的人开始用博客等形式向下属传达一些自己平常的想法。其实,领导应该传递给下属的信息有很多,其中包括过去的事迹、现在的想法以及对下属言行的赞赏等。

为了让员工喜欢上公司,讲述过去的事迹固然重要,但现在身边发生的故事和上司对此的看法却更为重要。

年轻领导诞生的故事

——中村先生，请注意你的用词！

我的武器是"能够敏锐地感知别人的心情"。我会尽可能最优先地考虑和照顾下属的心情，尽管这种方式需要很长时间才会有成果。为了激励他们的工作热情，我经常要压抑自己的意见。我确信，就是这种做法帮助我赢得了下属们的信赖。

但是最近，我的脑海里经常会不由自主地浮现出一个疑问，那就是，如果我继续沿用现在这种模式，一直做一个优秀的"教练"，真的能攀登到组织的最上层吗？

当然，出人头地不代表一切，但是不想当将军的士兵不是好士兵。既然工作了，人自然就想升职，这恐怕是每个人的心声。

尤其是当小宫山这个年轻男子就任我所在的事业部的领导时，我对自己的怀疑更深了。我究竟还有哪些不足？为什么不是我来当这个领导？是不是要成为领导就必须像小宫山这样强势才行？

小宫山事业部长出现

当一家公司的规模达到了我们公司这样的程度时,在公司的年数和经验比自己少的人反而先出人头地的例子并不罕见,但是这次的人事提拔尤其大胆。大多数人心里都有些犯嘀咕:"这么年轻,真的能胜任领导职务吗?"

这也难怪,小宫山这次可是被提拔成了公司首都圈事业部的领导,要带领一个500多人的"大家庭"。而且,他还是在10多位候补中胜出的,其他的候补全是比他资历要深的公司前辈,其中甚至包括了他的直属上司。结果,他却得到了特殊提拔,实在令人难以信服。大家甚至一度觉得"被提拔的那个才比较倒霉"。

但是,被提拔为事业部长的小宫山本人在召集了11名课长级下属的首次部门会议上却表现得十分镇定,丝毫看不到迷惘的痕迹。

紧急集中了全体课长级下属的会议室里,小宫山开始了说明,还不到几分钟,我就闷热得连呼吸都有些困难了。是因为会议室没有窗户的关系,还是因为小宫山的意气风发?

醒目的藏青色西服,西装外套的袖口处露出男士衬衫闪亮的袖扣。身高超过一米八的小宫山以绝对的身高优势俯视室内,用响彻室内的响亮声音干脆利落地说:

"我不能批准! 会议是必须参加的,请安排出时间。"

他身上赘肉很少,瘦长脸尖下巴,有一对眼角细长的眼睛。这一切都强化了他绝不妥协的"有才干的精英"形象。

白板上只写着:3 月 21 日(周六)10 点开始。

"但是小宫山小朋友,我可是半年前就预定好日程了,你突然说这周六要开会,我也很难办啊。"

带着一副无可奈何的表情边挠头边表示反对意见的,是进公司以后就一直待在首都圈事业部的中村。中村是个有什么就说什么的豪爽男人,人不坏,但在公司里却没什么特别好的朋友。

中村升任课长的速度很快,所以其他课长对他也颇为看重。他比 35 岁左右的小宫山足足大了 15 岁以上。

中村用大大咧咧的口气对小宫山说话,直呼他的名字,叫"小朋友",伸长两腿靠在椅背上,明眼人谁都很清楚中村的言外之意是在对这位上司说:"我在这个公司的资历、课长的经验、年龄都比你大。"

但是,最看不惯中村这种态度的正是小宫山本人。

"中村先生!"小宫山的大声让会议室陷入了紧张的气氛之中,"请注意你的用词!"

小宫山低沉而富有穿透力的声音回荡在会议室内。他就像是小学老师在训斥顽劣的孩子,被紧急召集到会议室中的课长们无一例外仰视着小宫山的脸。

上司下属，两人三脚向前冲

　　"从现在开始，请用我的职位称呼我。如果做不到或是对我在这里有什么不满的话，可以马上离开这里。"小宫山表情阴沉，环视全体与会者后接着说道。"在这里，我希望大家能明白一件事——首都圈事业部的负责人是我，你们各位，是我的下属！"

　　小宫山的右手牢牢握成拳敲在桌上。大概是用了全身的力气在握紧拳头吧，他的手有些细微地在颤抖。

　　中村会怎么回应呢？大家都紧张得屏住了呼吸。

　　"还真有干劲。"和看似漫不经心的话相反，中村已经毕恭毕敬，声音也小得几乎听不见了。

　　小宫山毫不姑息地乘胜追击道："如果还有人跟中村先生一样提不起干劲的话，可以一起放下课长的职务，怎么样？趁现在赶紧弄明白吧。"

　　似乎是屈服于小宫山的魄力，中村的脸上流露出几分懊恼之意，只是一个劲儿地低着头，没再说一句话。虽然他肯定觉得尴尬，但却也没有再恶言恶语了。早就听说小宫山这个人不献媚不逢迎，无论对方是谁，想说什么都会毫不畏惧地说出来，没想到，他竟然把自己的原则坚持到这个地步。

　　小宫山把握紧的拳头再次收回到桌子下面。

　　"总之——"小宫山的声音变得更高昂而响亮，"现在是紧急情况，所以我希望大家能够理解。像以前那样认为只要自己的课好就万事大吉的、只考虑自己的事情的,请放弃这个职位。到了课长这个级别,就应该以高于自己课的视角,致力于建立一个在座 11 位课长全体一条心的事业部。请牢牢记住这点,时刻提醒自己。在座的每一个人对此都负有责任。"

他的情绪好像已经不那么兴奋了,但表情还是令人生畏,说话简洁明了。

"这次的会议需要占用大家一整天的周末休息时间。但大家要知道,新的年度马上就要开始了,我们首都圈事业部的时间紧迫。"

他仍然维持着令人生畏的表情,像是在说"还有谁有意见",一边把手里的纸发放给全体与会者。

"这是会议概要。首先请确认地点和时间,不要弄错了。刚才我也说过了,当天每个人有 30 分钟来说明各自课的课题和解决方案,请事先归纳好。"

全体与会者仍然低着头。

"有什么疑问吗?"

为了确认是否有人不满,小宫山快速地左右环视了一圈。确定没有人和他视线相对后,单方面地宣布紧急会议结束:"如果没有,会议到此为止。"

看着表情纹丝不动的小宫山,其他人不得不承认,小宫山彻底赢得了这场对抗的胜利。

通过大家今天在会议上的表情能确定的唯一一件事是,在座的课长,包括中村在内,没有一个人心甘情愿地承认"小宫山事业部长诞生"。所有课长在公司的时间都比小宫山要长,而且全都比他年长。被一个30来岁的年轻人命令,绝不是件有趣的事。极端地说,全体课长都成了他的敌人。在这种情势下,小宫山在第一场对抗中获得了压倒性的胜利。

恐怕小宫山一早就认为必须在一开始就明确上司和下属的关系。在公司这个组织中,服从固定的上下级关系是理所当然的。放任组织的上下级关系处于暧昧的状态,会使原本顺利的事变得不顺利。要修正错误的意识和态度,第一天是最为关键的,越拖延到后面就越难修正。而小宫山可能已经意识到了这点。

可以肯定地说,大家对于"这么年轻的人能胜任领导职务吗"的怀疑以及"怎么能这么简单就服从你"的反抗态度至少暂时都一扫而光了。谁是上司谁是下属,清清楚楚,指挥命令系统十分明确。这是目前唯一完成的事。(参考《Inside Out——事业再生的2年10个月,利润增加1倍》,土岐胜司著,钻石社)

复习领导力的最基本原理

在第三章,我们学习了领导力的一些知识。最近市面上的商务书籍中经常会提到领导力。由此可以看出,在当前这个组织的奋斗目标和亟待解决的课题不再明确的环境下,人们对领导力的需求远远超过从前。

在能够清楚了解顾客的需求以及竞争公司的年代,即使领导不强调目标和课题,员工们也能够主动地完成自己的任务。但是现在,商务的各个领域日臻成熟,客户的需求逐渐潜在化,环境变化迅速。

拿赛车来打比方,就好像从能够清楚看到对手、线路固定明确的环形路线赛场转移到了既看不到对手也没有明确的线路、天气变化又剧烈的野外拉力赛场。在这种环境中,制定目标、指明前进方向的领导力显得格外重要。

"领导力"(leadership)和"管理"(management)的区别

很多人可能误认为,只有处于管理层的领导才有领导力。实际上,领导力是所有组织成员充分利用自己的立场和特色而发挥的能力。发挥领导力的前提是对组织目的的组织承诺,并主动地履行自己的职务。

那么,究竟什么是领导力呢?

正如"lead"这个词所含的意思一样,领导力是人们在率领团队朝着某个目标前进时所发挥的能力。而"management"的意思是管理组织集体,两个词的最大区别在于,"管理"是基于组织的规则及结构驱使组织成员工作的方法,而"领导力"则是通过影响员工的内心,让他们的心理发生变化,以促使员工采取行动的方法(见图3-1)。注意,也有一部分领导力的内容是包含在管理的定义中的。

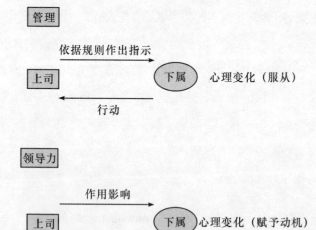

图 3-1 领导力和管理的区别

让组织发挥出团队的功能

在当前这个多变的环境中,什么是实现组织成果最大化的关键呢?那就是让员工们在拥有统一的目标的基础上,为灵活地应对多变的环境而主动采取行动,而非被动地按照组织或上级的意思行动。

比如在一支教练的领导力已经渗透到整个队伍的体育运动队中,即使没有教练的指示,队员们也能根据变化的战况灵活改变战术,获取胜利。想到这类例子,你应该大致明白了吧?这就是组织发挥出了作为团队的功能的情况,领导力在团队的形成过程中起着重要的作用。

在一个已经形成团队的组织中,领导者充分发挥出领导力,成员按照团队的目标积极为组织作贡献,所以总的生产率获得了提高。在团队活动中,领导力是不可或缺的。

领导力的七种风格

因提出"EQ"(情商指数)而闻名于世的心理学家丹尼尔·格尔曼提出了领导力的七种风格。

1. 提出一个愿景,驱使员工为达成这个愿景而努力——愿景型;

2. 通过指示、报告、管理来掌控组织——管理型；

3. 强行要求下属立即服从——强制型；

4. 提出一个较高的业绩标准,并以身作则——标兵型；

5. 创造一个和谐的组织,培养与下属间的情感羁绊——重视关系型；

6. 鼓励全体员工积极参与组织事务,获得统一意见——民主型；

7. 开发每个人的潜能,为将来做好准备——教练型。

7 种风格中,并没有哪一种是最好的风格,最理想的方法是按不同的情况灵活地选择不同的风格。

当组织成员的意见无法达成统一,员工们完全不听从上级制定的方针策略,导致工作自由散漫的情况下,比起"重视关系型",更应该暂时采用"强制型"来统一组织。

而在全体员工严格遵守规定,认真负责地完成自己的职责的组织中,则可能并不太需要"管理型"和"强制型",选择"愿景型",让每个人主动参与到新课题中去,效果将会更好。

所以,根据对象和状况的不同,不同的领导力风格会有不同的作用效果,没有一个风格是万能的,最好的办法是根据不同的状况灵活地分别选择不同的风格。

没有官衔也能发挥领导力

再重复强调一遍,在一个组织中,只有处于领导地位的管理层人员发挥领导力,是远远不够的。可能有不少人会认为"没有官衔的人很难发挥领导力",其实未必如此。即使只是普通员工,也可以根据自己的立场,用自己的方式发挥领导力。

一群孩子在公园里玩,有人提出玩捉迷藏游戏,其他人赞同说:"好啊,就玩这个吧。"这是我们平常司空见惯的情景。在这种情形下,我们可以认为提出玩捉迷藏的小朋友对其他小朋友有一定的影响力,从这个意义上来说,这位小朋友发挥了他的领导力。这下你应该不难理解,无论处于怎样的状况,身居怎样的职位,谁都有发挥领导力的机会。

另一方面,理解领导者的立场和职责并协助领导开展工作,也是发挥领导力的一种方式。例如,组织里有一位能够明确制定目标、坚定地带领员工开展工作的领导,但这种风格的领导过于强势,会让员工感到疲惫。在这种团队中,如果能充当活跃气氛的角色,同样也是发挥出了领导力。就像在一个足球队里不仅需要决定战略和队员的教练,还需要一个团结队友、激发队员斗志的队长。尤其是在国际比赛中,很多队伍都是临时组成的短期团队。在这种情况下,除了教练之外,队长的领导力可说是举足轻重的。

发挥和提高领导力的小提示

在发挥领导力的过程中需要注意些什么呢?

要在前途未明的环境中有一个清晰的思路,洞察力和战略性思维能力自然不可少。而要让别人服从自己,则必须要有过人的人格魅力。另外,为了让下属服从自己,还必须和下属加深交流,让他们理解自己的想法,更进一步说,就是要有语言的魅力。无论你的观点多么精辟独到,对方理解不了也无济于事。

第一章里我们学的教练技术其实就是在发挥领导力的基础上打动下属的交流技巧。激发员工的内在动机,关键在于员工本人是否发现了问题。提问能够引导员工发现问题,所以除了发挥领导力之外,你还必须学会教练技术的技巧。

有人问过哈佛大学研究管理学的教授们,在发挥领导力的过程中什么是最重要的。多位教授都给出了相同的答案,那就是"自我认识"。

"自己有什么特长,能负责什么职务?"

"自己的优点和弱点分别是什么?"

对自己的准确理解,是发挥领导力的基础。领导力不是通过理论学习就能学会的。《领导力论》的作者、哈佛大学商学院教授约翰·科特提出,领导力会在工作中遇到的"课题"、"困境"、"与

他人的关系"等经历中得到成长,具体内容整理如下:

所谓课题,是指"从生产第一线调动到办公室"、"重整破产的事业"、"白手起家开创生意"、"第一次管理人事"等经历。

所谓困境,是指"无法从事想做的工作,被降职"、"麾下有工作表现有问题的下属"、"挑战新的职业领域"、"在事业上惨遭失败"等经历。

所谓与他人的关系,是指"从拥有过人才能的上司、前辈及同事、顾客那儿受到或好或坏的影响"等经历。

充分认识到这些经验正是培养领导力的绝佳机会,即拥有强烈的"克服现状后能够获得什么"的意识,才能提高自己的领导力。

说出你的信念

在前文中,我们已经就领导力进行了各种各样的说明。事实上,再没有什么东西比领导力更难以捉摸和把握了,研究者中甚至有"The most studied ,the least understood area"(被研究得最多,却被理解得最少的学习领域)的说法。

无论如何反复积累单纯的理论学习经验,假如没有实践和反省,仍然无法获得或提高领导力。因此近年来人们更倾向于一种思路:与其不断学习理论知识,不如首先明确地用语言将信念表达出来——"我对领导力的信念是××!"

"领导有责任时刻关照周围的人与事,并通过倾听每个人的想法,理解他们的需求。"

通过具体的语言将自己时常用来鞭策自己的信念表达出来,当接触到与领导力相关的理论时,自己心里就会有比较深刻的体会:"在我所面临的状况下,我这么做会××。"用语言把信念表达出来,这样既可以确保言行一致,还能便于实践后的回顾反省。另外,明确自己的信念,还能帮助自己从别人的领导中学到更多的东西。当遇到优秀的领导者时,便可以比较他与自己有何不同,仔细观察。相反,如果缺乏信念,"我应该更××"之类的自我反省便很有可能变为"是对方的错,情况对我很不利"之类的对他人的指责。

领导力并非是一朝一夕就能学会的能力,也不是长时间当领导就自然能获得的能力。学习前人的智慧和原理原则,对他人进行观察和学习,然后在此基础上不断实践和反省,逐渐明确自己的课题并最终解决,只有认真完成这一整个循环,才有可能使自己的领导力得到提高。如果跳过这些步骤,就永远不可能成为一个合格的领导者。

モヤモヤ

職場

尾　声
——小儿科医生温柔的一句话

在日本横滨的某条住宅街上,有一家规模不大的儿童诊所。经营这家儿童诊所的是一位自身有育儿经验的女医生。

带着孩子来看病的母亲们给这位女医生极大的信赖。这种信赖并非仅仅源自这位女医生专业的医疗建议,而是作为一位母亲、一位在育儿方面有经验的前辈,她所给出的建议。

一天,一位母亲带着经常感冒的 3 岁小男孩来到诊所,跟医生倾诉自己的烦恼:"为什么我家孩子老是感冒呢? 是我照顾他的方法不对吗?"

"没关系的,别担心。"医生微笑着柔声回答道,"这孩子到了小学高年级就会强壮起来了,到时候就不容易感冒了。现在正是他通过经常和感冒病毒作战来获得免疫的时候。所以,你就把现在这个阶段看作为将来的健康体魄作储蓄吧。"

这句话让这位母亲因为儿子感冒而承受的巨大精神负担在很大程度上获得了缓解。母亲"都是我不好,又让孩子感冒"的自责心理能够逐渐转变成"很好,储蓄又增加了"。

虽然照顾孩子的物理性负担并没有减少,但照顾孩子的意义发生了本质性的改变,孩子母亲的精神负担极大地减轻了。

再把视野拉回到职场上来,我们会发现,在这个领域却很少有人能像这位医生那样,运用前辈的经验帮助后辈们解决烦恼,成为后辈们的坚实后盾。而这种现象多多少少地给下属们,尤其是年轻员工的工作状态带来了一些负面影响。

话说回来,最近的年轻人真是急功近利,而且越是优秀的人才就越急于求成。

二三十岁的年轻人中,很多人因为过于急功近利导致心中郁结了大量的不满和愤懑,最终决定辞职。他们的数量正在逐年递增(虽然人数增幅并不剧烈,但由于辞职的一般都是认真思考的优秀人才,所以其实问题非常严重)。

如果他们当时没有太性急而选择了忍耐的话,可能事后再回顾当时的情形,就会涌现出"从结果来看,接受当时的调动是个正确的决定"或"虽然我当时也曾想过要冲动一回,但现在想起来,还是很感谢当时的上司"之类的想法,但大多数离职的优秀年轻人,还没来得及有这些感受就已经离开了公司。

这样的选择实在是很可惜。放弃尝试改善上下级关系而选择辞职,还是抛却辞职这个选项尽力改善上下级关系,这两种选择所需要付出的努力有着极大的差距,但这种差距越到后来,反作用就会越大。毕竟,即使换了工作,如果不改变和上司的相处方式,下属还是无望获得成长的。这真是非常可惜的一件事。

如果职场中也能有更多人像那位儿科医生一样,以"现在的工作会给将来带来的影响"的视角给下属和后辈提出建议,那么,急于求成、急于辞职的年轻人一定会大大减少吧!

"你现在的这份工作可能既单调又辛苦,但是你可以看看我。我以前也做过和你一样的工作,这个经验对我现在的工作有很大的帮助,所以你也要加油哦!"只要得到一句这种前辈才能给出的建议,年轻的员工们就会停下来重新整理思路,再次鼓起工作的激情。为了能做到这一点,我们在全书中想要传达给你的"上司和下属间的相互作用"至关重要。

读完这本书的各位上司,请务必尝试拉近下属和你之间的心灵距离,加深上下级间的交流,从而为下属明示被他们忽略的工作的意义。

读完这本书的各位下属,请务必尝试拉近上司和你之间的心灵距离,加深上下级间的交流,从而吸收上司的经验以及产生于经验中的智慧。

一个上司和下属互相为彼此着想,并以组织获得最大成就为目标而相互影响的组织,才是生机勃勃的组织,才是上司和下属能够获得幸福的组织。

全体作者

图书在版编目（CIP）数据

上司下属，两人三脚向前冲／（日）鸟谷阳一，（日）石桥誉，（日）友森笃著；陈颖译．—杭州：浙江大学出版社，2013.4
  ISBN 978-7-308-11207-9

  Ⅰ.①上… Ⅱ.①鸟…②石…③友…④陈…
Ⅲ.①管理学－通俗读物 Ⅳ.①C93－49

中国版本图书馆 CIP 数据核字（2013）第 033754 号

MOYAMOYA SYOKUBA by Yoichi Toriya，Homare Ishibashi，Atushi Tomomori
Copyright © Yoichi Toriya，Homare Ishibashi，Atushi Tomomori 2010
All rights reserved.
First original Japanese edition published by PRESIDENT INC. ，Japan
Chinese（in simplified character only）translation rights arranged with PRESIDENT
INC.，Japan.
  through CREEK & RIVER Co.，Ltd. and CREEK & RIVER SHANGHAI Co.，Ltd.
本书仅限于中国大陆地区发行销售
浙江省版权局著作权合同登记图字：11－2012－229

上司下属，两人三脚向前冲

[日]鸟谷阳一　石桥誉　友森笃 著　陈　颖 译

策　　划	蓝狮子财经出版中心	
责任编辑	黄兆宁	
封面设计	水玉银文化	
出版发行	浙江大学出版社	
	（杭州市天目山路 148 号　邮政编码310007）	
	（网址:http://www.zjupress.com）	
排　　版	浙江时代出版服务有限公司	
印　　刷	浙江印刷集团有限公司	
开　　本	850mm×1168mm　1/32	
印　　张	6.375	
字　　数	114 千	
版 印 次	2013 年 4 月第 1 版　2013 年 4 月第 1 次印刷	
书　　号	ISBN 978-7-308-11207-9	
定　　价	30.00 元	